和平与爱

战争并非不可避免

[美] 汤姆·戈·帕尔默_编著 吴荻枫_译

海南出版社
HAINAN PUBLISHING HOUSE

Love, Peace & Liberty
By Tom G. Palmer

版权合同登记号：图字：30–2018–108 号

图书在版编目（CIP）数据

和平与爱：战争并非不可避免 /（美）汤姆·戈·帕尔默 (Tom G. Palmer) 编著；吴荻枫译．-- 海口：海南出版社，2018.10

ISBN 978-7-5443-8437-7

Ⅰ．①和… Ⅱ．①汤… ②吴… Ⅲ．①战争与和平问题 Ⅳ．① D068

中国版本图书馆 CIP 数据核字 (2018) 第 196823 号

和平与爱：战争并非不可避免

作　　者：（美）汤姆·戈·帕尔默
译　　者：吴荻枫
监　　制：冉子健
责任编辑：晏一群
策划编辑：谌紫灵
责任印制：杨　程
印刷装订：三河市祥达印刷包装有限公司
读者服务：蔡爱霞　郄亚楠
出版发行：海南出版社
总社地址：海口市金盘开发区建设三横路 2 号　邮编：570216
北京地址：北京市朝阳区黄厂路 3 号院 7 号楼 101
电　　话：0898-66830929　　010-64828814-602
投稿邮箱：hnbook@263.net
经　　销：全国新华书店经销
出版日期：2018 年 10 月第 1 版　2018 年 10 月第 1 次印刷
开　　本：880mm × 1230mm　1/32
印　　张：7.75
字　　数：167 千
书　　号：ISBN 978-7-5443-8437-7
定　　价：42.00 元

目录

Contents

1 和平是一种选择

战争并非注定发生。战争不像台风过境或陨石坠落，这不仅因为战争的破坏性可能远甚于此，更重要的区别在于，战争是人类深思熟虑的选择，而台风和陨石却不是。有鼓吹战争的思想，有推动战争爆发的政策。而这些思想和政策可被检验、比较和理性地讨论。有人会认为“人人都热爱和平”，但他可能错了。

2 战争的衰落与人性的概念

人性不是一种单一的特征或欲望，而是由许多部分组成的复杂系统，包括若干导致暴力的机制和若干遏制它的机制。并且，导致暴力的机制不是不可抗拒的稳定力量，而是对特殊环境做出的功能性反应，可以与时俱变。其中一种抑制暴力的机制是能够产生无穷无尽思想的开放式组合系统，而恰恰在这些思想之中，存在着减少战争可能性的因素。

3 和平的经济学：为什么邻居比你富是件大好事

和平显然是不同国家间能共同致富的首要条件。战争破坏人类生活，消灭财富，制造饥荒，并浪费宝贵的资源。战争是负和博弈。政治经济学的任务之一就是展示战争的代价，证明和平的价值。如果问一位来自苏黎世的瑞士人或一位来自斯德哥尔摩的瑞典人，为什么他们的城市或国家富得不可思议？他们很可能会回答："我们不曾陷入两次世界大战。"

4 一位商人关于和平的访谈——克里斯·鲁弗

5 自由贸易的和平

6 帝国与战争的政治经济学

不管是在1991年还是在2001年，都不值得为石油打仗。不管谁控制了石油，只有当他们将石油卖给其他人时，石油才对他们有好处。而美国的国家利益与谁拥有石油并没有关系，除非美国觊觎该国的财富。如果石油有问题的话，大豆更有问题，而这与我们是进口石油还是出口石油无关。我们有一个世界石油市场……因此不值得为石油打仗。

7 慎对战争的美国启蒙运动

战争现在被广泛认为是最后手段——而不是第一手段——战争是对生命、自由和繁荣的威胁。对战争这种更为现代化的态度植根于启蒙运动时期，那是深刻反思人类之间关系的一段时期，其中包括对战争的重新评价。战争在一开始被当作一种负面的人类互动行为，对参战者或为之战斗的国家而言，都很难因此而高尚、文明或得益。

8　当今战争充当政策工具之重要性的衰落

过去那种大国之间的战争不再那么有吸引力，甚至对最爱冒险的领导人也是如此。像核武器这类的军事技术在很多情况下都将征服变成了自杀性的主张。在非军事方面，如民族主义和其他形式的身份政治，令被征服的人民更难被控制和同化。在经济方面，比如供应链的横向整合和跨境贸易的增加，则大大降低了战争的预期经济收益。

9　治安军事化

从 20 世纪 80 年代初期到现在，美国的警察部门发生了根本性的变化。一方面，有了更多的民间审查委员会（civilian review boards）和督察室（internal affairs departments），大多数刑事学家认为，比起从前，现在的流氓警察（“烂苹果”）少了；另一方面，无论是执行逮捕，应对抗议，还是响应危机，警察机构都更倾向于对日益增长的轻罪更频繁地使用暴力。

10　和平的哲学或冲突的哲学

宽容与共存、合同与合作、财产与交换已经在很大程度上（但绝不是全部）取代了迫害与屠杀、强制与争斗、盗窃与奴役、战争与冲突，成了道德的理想。这是一场已改变了世界的运动，以和平代替了战争，以宽容代替了不宽容，以交换代替了抢劫。

附录　和平之歌

在每个人的手中，在延绵不绝融入远方的无数屋顶上、阳台上，一大片旗帜在飘扬，它们在阳光下闪烁着光芒。白天，年轻的志愿兵从大道上行军经过，他们身着新制服，快乐而健康。当他们经过时，骄傲的父母、姐妹与爱人为他们欢呼，声音因欢乐而哽咽。夜晚，人头攒动的聚会中，民众聆听着爱国者的演讲，为之鼓掌。演讲触动了他们内心最深处的情感，短暂的间歇中掌声雷鸣，人们的脸颊上也是热泪滚滚。

中文序言

Chinese Introduction

最近，特朗普当选总统后，美国退出一些世界性组织及世界性条约的行为以及眼下中美之间开展的“贸易战”，让笔者不无忧心地思考这样的问题——“全球化”趋势要逆转吗？中美3.95万亿贸易总额（2017年）、中美来往人员500万人次（2016年）以及美国总统特朗普能够“推特治国”的那些“全球化”的基本条件发生变化了吗？中美真的要陷入所谓“修昔底德陷阱”吗？就在此时，海南出版社的编辑传给我美国汤姆·戈·帕尔默先生编撰的文集《和平与爱》中译本，并邀请我为该书作序。作者汤姆·戈·帕尔默先生是一位自由主义作家和理论家，是卡托研究所的高级研究员，一直积极倡导古典自由主义思想和政策，并致力于世界和平活动。他有多部著作，本书即为其一。正如书名所示，该书从政治经济学等多个视角阐述了“战争并非不可避免”这一主题。我虽然不是自由主义学派学人，但是该书的观点正好与我正在思考的问题多有契合。读到观点相近的书是令人高兴的事，我便欣然答应。虽是作序，实则也是想“借题发挥”，整理一下自己的观点，发表一个中国研究者从国际关系角度对当前世界体系下战争与和平问题的思考。

这部著作共分十章，从人性（第一章“和平是一种选择”，第二章“战争的衰落与人性的概念”)、政治经济学（第三章“和平的经济学：为什么邻居比你富是件大好事”；第四章“一位商人关于和平的访谈”；第五章“自由贸易的和平”；第六章“帝国与战争的政治经济学”；第七章“慎对战争的美国启蒙运动”；第八章“当今战争充当政策工具之重要性的衰落”；第九章“治安军事化”）和哲学（第十章“和平的哲学或冲突的哲学”）的角度（同时在附录部分则援引了文学）来讨论世界的和平和自由问题。

该书是从我们生活的这个世界发生的一些事实展开讨论的。这些事实大多已为我们所熟知，不过，当作者把它们罗列一起引出时，仍令人印象深刻：

- 无政府状态下部落社会的战争死亡率约为早期国家中的战争死亡率的 5 倍。
- 活人献祭是每个早期文明的常规做法，而现在已经消失了。
- 从中世纪到 20 世纪，在欧洲，杀人的犯罪率至少下降了 97%。
- 在人道主义革命集中的 18 世纪下半叶，大多数西方国家都取消了将酷刑作为刑罚手段。
- 欧洲国家曾有数百种死刑罪名载于书中，其中包括极其轻微的罪行，比如盗窃一棵卷心菜和批评皇家园林。从18世纪初开始，死刑逐渐只被保留用以惩罚叛国罪和最严重的暴力犯罪。在20世纪，除了美国之外，所有西方民主国家都废除了死刑。即使在美国，50个州中也有17个州已经废除了死刑，在保留死刑的各州里，人均处决率与殖民地时期相比，也只是极少的一个零头。

- 奴隶制在全球各地都曾经是合法的，但18世纪废奴浪潮开始席卷全世界。1980年，毛里塔尼亚废除了奴隶制，从而终结了这一制度。
- 人道主义革命还废除了猎杀女巫、宗教迫害、决斗、狩猎运动以及关押债务人的监狱。
- 对非裔美国人的私刑曾经每年发生150起。20世纪上半叶，发生率下降为0。
- 对儿童的体罚，既包括学校里制度化的戒尺惩戒和鞭挞，也包括在家中的打屁股和掌掴，在大多数西方国家中持续急剧下降，并在好几个西欧国家已成为非法行为。
- 杀人、强奸、家庭暴力、虐待儿童和歧视罪的犯罪率自20世纪70年代以来急剧下降（有些已下降了80%）。

以上事实大多发生在社会层面。该书还列举了国家间的互动关系发生的变化，以支持其“战争正在减少”的论点。如第二次世界大战之前的600年间，西欧国家每年爆发两次新战争，但1945年后一次都不曾有过。自1989年冷战结束后，国家之间的战争已变得极为稀少，相关的死亡率也同样急剧下降。第二次世界大战期间每10万人中就有300人死亡，朝鲜战争中是每10万人中就有将近30人死亡，越战中是每10万人中就有10多人死亡。20世纪70～80年代，每10万人死亡人数下降到个位数，21世纪则不到1人。

在国际层面上，国家间互动关系的变化趋势与前述社会关系互动的一致性并非偶然，“国际”从来就不是一个与社会相脱离的领域，国际领域中冲突的减少是我们人类社会变化的反映。

这些事实，在那些相信“人性恶”的人看来是很“奇怪”的（所以书中说“奇怪的事情发生了”），从“人性”的角度看，的确有证据证明我们人类存在着先天性的侵略倾向：灵长类动物中无处不在的侵略行为和人类社会普遍存在的包括杀人、强奸、家庭暴力、骚乱、劫掠和争斗现象皆可为证。如书中所说，至少源于四种包括不同的神经生物学系统的动机：利用、统治、复仇和意识形态可以支持“人性恶”观点。国际关系理论中的古典现实主义就是基于这种“性恶”建立其理论的。但诚如许多批评者指出的那样，“人性”是很复杂的，人性中不仅存在上述“恶”的方面，也具备与此相反的、支持“人性善”的方面，用书中的话说，就是还存在“抵制这些令人讨厌的冲动的另一些温和的官能”，如自我控制、同情心、道德感和理性等。人性中倘若没有这样的基础，人类就进化不出文明，就脱离不了动物界。人类已经运用其智慧和经验创造了文明，并用文明成果来抵御瘟疫和饥荒等灾害，同样，也能（并且确实正在）用此来对付战争和暴力。

我们人类创造了哪些文明成果来限制战争呢？该书列举出：政府及对政府的限制、商业机制、国际社会、政府间组织、对侵略的反应手段、和解的措施、人文主义的反意识形态。这些人类智慧的结晶以及其他一些成果，似乎已削弱了经常性的摩擦（这是人与人之间互动的特点）引发的战争。该书还用相当的篇幅，论述了近代以来出现的国际贸易的作用——贸易的发展则使得购买比掠夺更划算，也让他人更珍视生命，从而减少了战争。作者实际上是在阐释了古典自由主义政治经济学的一些著名论断，如“人的自利行为客观上会形成良好的社会秩序”“商品不能跨越国界，军队就会跨越国界”“财富若不是通过交易获得，就会存在掠夺”等。无论是美国的政界和学术界，都既有基于“人性恶”的现实主义的传统，也有基于接近“人性善”的自由主义传统。这部书就使人想到认为人性可以改造、战争可以避免、利益可以调和的美国前总统威尔逊，他被认为是自由主义的鼻祖，却被现实主义者讥为理想主义者。如果说根据两次世界大战时期的人类经验称威尔逊为理想主义者还有道理的话，那么，眼下这本书则为我们提供了根据战后（特别是冷战后）的人类经验重新审视自由主义学术传统的范例。这些论断虽然古老，却是世界进入今日“全球化”时代的内在逻辑，在一定意义上也是美国的立国之本。但在今日美国，冷战后曾经占有强大话语优势的新自由主义似乎已被斥为“政治正确”而变得不正确。因此，逆全球化而动的民粹主义总统特朗普或许最应温习一下古典自由主义的政治经济学原理。

该书的基本观点与笔者最近从社会演化角度对国际体系的思考相一致。笔者的主要观点（限于篇幅，阐述从简，论据省略）是：国际体系是不断演化的，“国际”是国家行为体（至少大多数情况下是如此）在外在压力下选择、变异、遗传适应环境的场域。该书列举的用来限制战争的文明成果，大部分是在近代国际体系下产生的。其实从文明演化的角度看，国际体系的演化是人类在“国际”这一圈层中“社会性”不断增强、不断运用自己创造的文明成果制止国家间无政府状态的过程。在这个过程中，我们人类在“社会”这一圈层中进行的三大类“游戏”——权利、财富和心智活动，逐渐卷入“国际”圈层。而且，目前国际体系已演化到这样一个新阶段：国家之间商品、人员、技术、资本和信息的流动大大增加，国家行为体之间有了实质性互动，人类的权力、财富和心智三大类“游戏”已全部卷入“国际”圈层，世界已形成某种多维、深度互动的网络系统，国际的社会性进一步增强并出现了某种“共同体化”倾向。在这个阶段，调节国家间关系的手段更为多样，对战争的代价有了更清醒的认识。在这个阶段，国家间大规模战争的可能性已大大降低，和平问题主要表现为安全问题，且主要是非传统安全问题。经济发展的内涵和外延也在扩大，已不完全是经济增长，还更多地涵盖了社会发展与进步、国民生活质量的提高、技术创新以及文化吸引力等内容——今日世界的这两大主题，仍是沿着古典政治经济学逻辑发展而来，只是出现了一些新的特点。当今世界并不完美，但并没有比过去更糟，人类正在用智慧解决新出现的问题。

撰此序以支持此书，援此书以支持此论。

尚会鹏

北京大学教授

2018 年 6 月 15 日于厦门

作者前言

Author's Introduction

人们必须学着去恨，如果他们能学会恨，他们就能学会爱，因为爱比恨更能自然地进入人们的心灵。

——纳尔逊·曼德拉（Nelson Mandela）[1]

战争教人们去恨，恨我们的敌人，恨我们的邻居，恨那些与我们不同的人。和平让人们去爱，化敌为友，化干戈为玉帛，化仇恨为友爱。

本书的文章提供了支持和平的论证与论据。这些作者努力促进和平，不仅仅将其作为道德理想或令人向往的目标，更将其视为非常现实的任务。和平人士往往认为，只要呼吁和平、谴责战争就足够了，不去思考具体什么条件才有利于和平而不利于战争，也不去考察实现和平的经济条件、社会条件、政治条件和心理条件。他们或许反对战争，却不思考和追溯战争的根源。和平

[1] Nelson Mandela, Long Walk to Freedom (New York: Little, Brown and Company, 1995), p. 622.

不是一种不切实际的幻想，也无须为了和平牺牲繁荣、进步或自由。实际上，和平、自由、繁荣和进步携手同行。

本书的文章都值得关注。这些文章扎根于可信的历史、经济现实、经验心理学、政治学和文学，逻辑清晰，富有美感和艺术想象。如果要让和平占据心灵，那么和平应当通过思考来占据心灵。

本书的众多作者运用了心理学、经济学、政治学、历史、法律、社会学、道德哲学，以及诗歌、文学和美学，这些对于更好地理解战争与和平都十分重要。书中每篇文章都可以单独阅读，不必遵循任何前后顺序。有些文章是学术性的，有些文章虽同样严肃，却没有太多脚注。本书的目的是以推理和证据展示和平，让重要问题能被广大感兴趣的读者接受（本书对和平和自由的论述比对爱的论述更多，理由很简单：和平和自由可以通过组织的方式争取，而爱只能靠每个人自己去获取。因此，文章多聚焦于战争与和平的机制与思想意识，希望选择和平，避免仇恨，让爱成为可能）。

本书是由阿特拉斯网（Atlas Network）和“自由学生联盟”（Students For Liberty）联合出版的。这是两个全球性组织，在世界各大洲都有分会和项目，不隶属任何政府。它们立足全心致力于促进和平和平等，以及法律面前的平等公正。它们建设并支持那些能够实现和平、自由和公正的制度，包括言论自由和信仰自由，对政府的约束，对正当财产的保护，对和平行为的法律宽容，以及自由贸易和自由市场。本书的文章展示了古典自由主义（classical liberalism）[或在某些国家称之为“自由意志主义”（libertarianism）]

的理念是如何融会贯通、结为一体的。《和平与爱》一书中的文章从自由意志主义者（或古典自由主义者）学术思想的角度为研究和平做出了贡献，这是一种保护人类自愿合作的传统。[1]

这一传统在人类的历史中渊源流长，在中国古代圣人老子的著作中和宗教先驱们的论述中已然可见，而伟大的法学家、哲学家和政治学家马库斯·图里乌斯·西塞罗（Marcus Tullius Cicero）则以其雄辩质疑野蛮和暴力。正如他在其名著《论义务》（*On Duties*）中写道："所有的人都应该有这样一个目标，即每个人的利益就是所有人的共同利益。"如果有任何人强取豪夺，那么人类之间的交往就会瓦解。而且，如果自然法规定，不管那个人是谁，仅仅因为他是人，就理当考虑另一个人的利益，那么根据同样的自然法，所有人的利益必然有共同之处。如此，我们都受到同一种自然法的约束，如果真是这样，自然法当然禁止我们以暴力侵犯他人。[2]

本书讨论的正是避免暴力，以和平取代暴力，自愿合作。本书献给在世界各地促进和平的积极人士。我希望，今天的年轻人能在和平中长大，并能给予这个世界更多的和平和公正，以及远比他们所见到的更多的爱与自由。有志于此的同道将从本书中受益。

汤姆·戈·帕尔默

于肯尼亚内罗毕

[1] 关于自由意志主义的更多信息可参见本系列的另一本书：Why Liberty, Tom G. Palmer, ed. (Ottawa, Ill.: Jameson Books, 2013).

[2] Cicero, On Duties (Cambridge: Cambridge University Press, 1991), Book III, pp. 109–110.

荐语

Recommendation

那些热爱和平的人需要面对这样的难题：什么样的制度和实践能够促进和平。同时，他们还需要说服更多的人，暴力难以达到那些战争鼓吹者所宣称的崇高目标。这本书在这两个方面都开了个好头，阐释热爱和平的情怀值得赞誉，但如果没有证明，没有严格的推理，这就只是一种情怀。

——杰弗里·米隆（Jeffrey Miron），《毒品战争犯罪：禁毒的后果》和《自由意志主义 A 到 Z》作者，哈佛大学经济学教授。

古老的谎言——为了你的国家而牺牲生命是幸福且正当的——在本书中遭到了坚决的反驳。轰炸伊拉克的孩子，或者被这些孩子的父亲所埋的路边炸弹炸得血肉横飞，或者鼓吹战争是干净的、高尚的、令人精神振奋的，这些既不令人幸福也不正当。约瑟夫·德·梅斯特（Joseph de Maistre）和大卫·布鲁克斯（David Brooks）是持相反观点的反自由主义者，这本书揭露了他们只不过是战争贩子。汤姆·戈·帕尔默出色的编辑和写作压倒性地支持了铁器商、鱼贩子以及其他各种商人，支持他们从事和平交换，拒绝棍棒、征兵或从破损的肺部渗出的鲜血。

——戴尔德丽·麦克洛斯基（Deirdre N. McCloskey），《企业家的尊严》作者，伊利诺大学芝加哥分校经济学、历史、英文和传播学杰出教授，瑞典哥德堡大学经济史教授。

这是一本重要的书，成功地将和平的理想与如何实现并维护和平联系起来，非常切合现实且有理有据。每一个希望避免战争的人都应该读一读《和平与爱》，不管其政治观点如何。

——大卫·鲍兹（David Boaz），《自由意志主义的思想》作者，加图研究所执行副总裁。

哲学家和经济学之父亚当·斯密写过著名的一段话："除了以下三个条件，社会几乎不需要其他东西来实现繁荣和进步，即和平、简单的税收和可容忍的司法管理。"《和平与爱》收集了一系列引人入胜的文章，论述了为什么和平是这些必不可少的条件中的首要条件，阐述了如果没有和平，为什么税收会增加，并威胁到正义。作者们用具有说服力的逻辑和证据证明，好战的国家不可能是自由的国家。

——劳伦斯·怀特（Lawrence H. White），《经济思想的冲突》作者，乔治·梅森大学经济系教授。

《和平与爱》汇聚了经济学、政治学、历史、哲学、心理学和其他领域的专家来解释和平与战争的复杂现象。汤姆·戈·帕尔默制作了一本真正独特的书，并取得了巨大的成功。本书严谨且文风清晰，值得广泛传阅。如果上个世纪就能理解书中所言的教训，那么世界将会免于那么多的暴力、血腥、苦难和不幸。

——帕斯卡·萨林（Pascal Salin），《自由主义》作者，巴黎多芬纳大学经济系教授。

社会学家查尔斯·蒂利说过一句名言："战争造就国家，国家制造战争。"这本精巧的选集显示了这句话的智慧所在，以及为什么任何爱好自由的人都应该反对除了自卫之外，以任何理由使用国家破坏性的暴力。

——彼得·库尔里尔－克莱格德（Peter Kurrild-Klitgaard），哥本哈根大学政治学系教授。

历史上的很多战争，都是源于掠夺资源。但是现在我们已经知道，贸易是比战争更好的手段，和平与自由贸易相互促进带来经济发展，带来互利共赢，而战争则是零和游戏甚至是两败俱伤。《和平与爱》让我们知晓何为和平，何为爱。

——傅蔚冈，上海金融与法律研究院执行院长。

战争是人类历史的基本状态，同样，战争也是人类史书的基本原料，历史书的大部分篇幅，都是在讲述战争故事。所以，永久和平一直是人类的理想。但现代社会，战争似乎正在离我们远去，日常的暴力行为也正在快速消失。这一切是怎么发生的？现在的战争贩子还有什么伎俩？永久和平何以可以成为现实？《战争与爱》一书，可以给我们很多思考。

——毛寿龙，中国人民大学教授。

战争与和平是人类最为古老的命题，也是人类社会两种极化的现实。《和平与爱》告诉我们，战争并不是人类的宿命，大豆与日用品的顺畅交易完全可以避开导弹与航母的残酷交集。在大国间军备竞赛日甚一日的当下，《和平与爱》多少能缓释或纾解人们对随时擦枪走火的担忧与焦虑，更有益于人们对战争与和平背后之逻辑和机理的理性认知。

——顾培东，四川大学法学教授。

近期，随着世界格局发生着自第二次世界大战以来的最大变化，中国也面临着自改革开放以来最大的环境变化。我国进入了历史上最错综复杂、最不可捉摸、最需要智慧来应对的时期。《和平与爱》可谓恰逢其时。本书的作者们运用经济学、政治学、历史、哲学、心理学和文学等跨学科知识，揭示了“自愿交换”“自由贸易”等亘古不变的原理。面对风云变幻，如何以谦卑、仁爱和理性来开辟改革开放新路，这本书将给我们很好的指引！

——赵晓，北京科技大学教授。

本书献给约翰·布伦德尔（John Blundell）。约翰是阿特拉斯网（Atlas Network）的董事，也是全球自由运动的先驱，他懂得贸易自由对于和平的重要性。作为经济事务所（总部位于伦敦）的总干事和乔治·梅森大学人文研究所的所长，约翰一直坚定地倡导自由贸易。本书的完成要感谢约翰数十年来的帮助、鼓励和支持。没有他，《和平与爱》就不可能问世。

1

和平是一种选择

汤姆·戈·帕尔默

Peace Is a Choice

战争并非注定发生。战争不像台风过境或陨石坠落，这不仅因为战争的破坏性可能远甚于此，更重要的区别在于，战争是人类深思熟虑的选择，而台风和陨石却不是。有鼓吹战争的思想，有推动战争爆发的政策。而这些思想和政策可被检验、比较和理性地讨论。有人会认为“人人都热爱和平”，但他可能错了。

战争的性质是什么？战争是人类生活中不可削减的特征吗？战争是否正义？什么情况下战争才是正义的？战争对道德和自由有何影响？

令人担心的是，普遍而永久的和平永远不会真正存在，只存在于空想哲学家的想象中，或善良热情的人们心里。即便如此，但战争充满了愚蠢和邪恶，因此仍寄望于理性的进步能消灭战争。而如果有所寄望，就应该全力以赴。

——詹姆斯·麦迪逊（James Madison）[1]

战争并非注定发生。战争不像台风过境或陨石坠落，这不仅因为战争的破坏性可能远甚于此，更重要的区别在于，战争是人类深思熟虑的选择，而台风和陨石却不是。有鼓吹战争的思想，

[1] James Madison, The Writings of James Madison, 本书收集了麦迪逊公开发表的文章和私人之间的通信，其中不少书信和文件是第一次出版。ed. Gaillard Hunt (New York: G.P. Putnam's Sons, 1900). Vol. 6. Chapter: Universal Peace, Originally published in The National Gazette, February 2, 1792. Accessed from http://oll.libertyfund.org/title/1941/124396 on 2014-02-16.

有推动战争爆发的政策。而这些思想和政策可被检验、比较和理性地讨论。有人会认为"人人都热爱和平"，但他可能错了。许多观念都将冲突和暴力作为核心。即使他们口头上公开宣称反对战争、热爱和平，但他们实际推行的政策却更易促使这类冲突成为战争。正如美国启蒙运动的重要人物之一、美国宪法的主要起草者詹姆斯·麦迪逊所言："战争充满了愚蠢和邪恶。"因此，我们必须竭尽全力消灭战争。

关于战争，人们还有什么不曾谈到的吗？我在谷歌搜索引擎中搜索关键词"war"，0.49 秒后，我得到了大约 536 000 000 条结果，而这只是英文网页的搜索结果；用法语"guerre"（战争）搜索，0.23 秒后，我得到了大约 36 700 000 条结果；用德语"Krieg"（战争）搜索，0.30 秒后，我得到了大约 14 700 000 条结果；用中文简体的"战争"搜索，0.38 秒后，我得到了大约 55 900 000 条结果；而用中文繁体的"戰爭"搜索，0.34 秒后，我得到了大约 6 360 000 条结果。在这些结果之外，还能增加些什么内容呢？

除了已经搜索到的这些结果，还可以加上某些非常重要的东西。在对战争的讨论中应引入更多理性，正如麦迪逊的建议："寄望于理性的进步（能消灭战争）。"

战争是有组织的人类暴力

词典通常将"战争"定义为"不同的国家或政权之间，或国内不同的群体之间处于武装冲突状态”，比如“奥地利发动了对意大利的战争”以及“奥地利和意大利之间曾有一场战争”。“战争”也可用于类比或隐喻，比如“他与邻居处于战争状态”以及“政府发起毒品战争”。然而，“战争”在本书中的主要含义，是指政权之间的武装冲突（如此说来，“毒品战争”也涉及大量的武装冲突，但通常是政府和毒品供应商和消费者，以及敌对的毒贩子之间的火并，而非政府之间的冲突）。

“武装冲突”的说法清楚地表明会使用致命的暴力。战争中会有人死亡，但实际上，不仅仅是死亡，更是被其他人杀死。战争和使用军事力量都涉及杀人，军人知道这一事实，政客则常常想回避这点。美国驻联合国大使马德琳·奥尔布赖特（Madeleine Albright）（后来担任美国国务卿）曾问时任美国参谋长联席会议（Joint Chiefs of Staff）主席的鲍威尔将军（General Colin L. Powell）一个著名的问题：“如果我们不能使用你们一直谈论的超级军力，那拥有这种军力又有什么意义呢？”

鲍威尔在回忆录中写道：“我以为我要得动脉瘤了。”而这很有可能。奥尔布赖特按照通常的理解，只是把军事力量当作政府实现其计划的又一种工具。鲍威尔解释说：“美国军人不是玩具士兵，不是在某种全球模拟游戏中移动，而且除非我们有明确的政治目标，否则我们不应动用武力。”鲍威尔将军作为军人理解这点，当你“使用”武力时，“动用”的是活生生的人类，不是玩具士兵或象棋棋子，而活人会被杀死。[1]

我想起几年前我和海军少将拉罗克坐在一起讨论是否要使用武力。他的解释非常直白（这是我在备忘录上的摘记）：“武装力量的目的就是杀死敌人，并摧毁其伤害我们的能力。我们不修桥铺路，除非目标是让坦克通行。我们不懂怎么教8岁的小孩读写。我们不知道怎么教人们实现法治或民主。我们杀死敌人，并摧毁其伤害我们的能力。你如果真的必须杀人毁物，那就来找我们，别的事免谈。”去打仗意味着杀死别人，不愿漫不经心地提及这点的人正是那些不得不亲眼目睹或亲自上阵厮杀的人。

亲历过战争的人，对战争的看法往往迥异于像奥尔布赖特这样的政治学教授。她作为美国政府官员，非常热切地为轰炸伊拉克公开辩护，而轰炸却导致了许多无辜的人丧生。在美国的一次关于伊拉克战争的公开论坛上，一位公民向她发难，“我们不该用伊拉克人的鲜血向萨达姆·侯赛因传递信息，”他说，“如果你想对付萨达姆，那就对付他，而不要针对伊拉克人。”她的回答如下：

我们所做的是为了让大家能够在夜里安然入睡。我对我们的所作所为感到非常骄傲。我们是世界上最伟大的国家（因掌声而暂停），而我们所做的，是美国作为一个不可或缺的大国（indispensable nation）应该做的，我们愿意为了我们的子孙后

[1] Colin Powell, My American Journey (1996; revised ed., New York: Ballantine Books, 2003), p. 576.

代，为了那些遵守规则的国家保卫世界安全。[1]

奥尔布赖特及其同僚辩解称，轰炸伊拉克并实施制裁，致使许多人丧生，是为了满足美国作为“不可或缺的大国”（the indispensable nation）的角色，是为了“子孙后代而保卫世界安全”。她和她的同僚没有得到入侵伊拉克的机会，这是由他们的继任者小布什政府实施的，但奥尔布赖特等人的确大力支持布什政府实施这一代价高昂的破坏性蠢行。而这些决定是否正当呢？实际上并非如此，他们没有免除动武所需的证明责任：没有可靠的证据表明，伊拉克政府在研发能够在发出命令后 45 分钟内实施打击的“大规模杀伤性武器”；也没有任何证据证明，该政权涉嫌参与 2001 年 9 月 11 日针对美国公民的恐怖袭击，虽然政府官员对公众的声明中有这种暗示。

那么，入侵伊拉克的代价是什么？我们难以获取伊拉克战事中确切的伤亡人数，而且对此也有许多争议，但是除了成千上万的伊拉克战士死于这场入侵之外，美国、英国及其他盟国的士兵

[1] “美国对伊政策在俄亥俄州燃起战火”，CNN 特别报道，“伊拉克僵局”，February 18, 1998, accessed at http://edition.cnn.com/WORLD/9802/18/town.meeting.folo/. 希拉里 · 克林顿是布什总统的继任者克林顿总统的夫人，也是一名参议员，她在争取 2006 年民主党总统候选人提名时，对自己投票支持对伊拉克动武辩解道：“显然，如果我们当时知道现在发生的事，就不会有当时那次投票，我当然也不会投票赞成。”（或许她在投票之前就应该多想想，会不会有糟糕的结果，甚至听一听当时的警告也好，许多人都在警告，拟议中的战争将带来迫在眉睫的灾难。）Toby Harnden, “Clinton shifts over Iraq as Obama threatens,” The Telegraph, December 20, 2006, available at http://www.telegraph.co.uk/news/worldnews/1537474/Clintonshifts-over-Iraq-as-Obama-threatens.html.

也有数千人死亡，数万人受伤。2003—2011 年，至少（基于保守的估计）有 118 789 名平民死于暴力，其中大多数人死于因入侵和占领而引发的野蛮内战和伊拉克国内的权力斗争。[1]

财富的损失有多少？仅美国政府就借了近 2 万亿美元用于伊拉克和阿富汗的战事（这二者在时间上有大量重叠，因此相关军费很难截然分开）。这两场战争的总花费，照现值估算，非常保守的估计也有 4 万亿美元，当然不止这些。[2] 英国和其他国家也动用了相当数量的物质财富，并且伊拉克的基础设施在冲突中遭到了严重破坏。付出的这些生命与财富，制造那么多死亡与破坏，这是正当的吗？

如果战争可能是正当的，那么在什么情况下才是正当的

很少有人相信，为了“充当不可或缺的大国”（如奥尔布赖特所认为的那样）去打仗、杀人是正当的（然而也有人为这种立场辩护）。但是，让我们考虑更复杂的情况，如果打仗是为了“子孙后代而保卫世界安全”，那么这是正当的吗？当然，事实证据对回答这一问题也非常重要：“今天杀人会有多大的可能性让其他人在未来更安全？”也许这种杀戮会让我们在未来更安全，

---

[1] Iraq Body Count Project, http://www.iraqbodycount.org/database/.

[2] Linda J. Bilmes, “The Financial Legacy of Iraq and Afghanistan: How Wartime Spending Decisions Will Constrain Future National Security Budgets,” Harvard Kennedy School Faculty Research Working Paper Series, March 2013, RWP-13-006.

但是煽动发起战争的人仍然必须对此承担非常重大的证明责任（the burden of proof）。而在美国政府和伊拉克政府中的战争煽动者们并未着手履行这种责任。

判断战争的正当性，包括发动战争和战争中行为的正当性，有着悠久的传统。发动战争的正当性在拉丁文中被称为“战争权”（jus ad bellum），并与战争中行为的正当性（jus in bello）相区分。发动战争的正当性和战争中行为的正当性常被当作独立的不同问题。战争是正当的吗？而在进行战争时实施的行为是正当的吗？许多伟大的法学家和哲学家已讨论了在什么情况下发动战争才是正当的；一旦发生战争，对使用武力是否有道德或法律上的限制？如果有限制，是什么样的限制？等等。

能否允许为了捍卫统治者或国家的荣誉而发动战争？或者为了“充当不可或缺的大国”，或者为了攫取宝贵的土地或资源，或者为了保护某人的利益或某国人民的生命，而发动战争呢？而且，一旦战争开始，是否只允许杀死战场上的武装战斗人员，是否允许处决战俘，是否允许杀掉敌军的家人，包括他们的孩子（孩子以后可能会成为士兵）？渐渐地，对发动战争的理由施加了越来越多的限制，并制定了众多的原则、公约和条约来约束战争行为。

这些问题合在一起就是所谓的“战争法”（law of war）和“正义战争理论”（just war theory）。[1] 尽管在战争行为的合法性

---

[1] 相关的哲学讨论详见：Richard Tuck, The Rights of War and Peace: Political Thought and the International Order from Grotius to Kant (Oxford: Oxford University Press, 1999). 相关的条约和其他法律文件参见：Adam Roberts and Richard Guelff, eds., Documents on the Laws of War (Oxford: Oxford University Press, 2001).

（jus in bello）中，无论战争是否被认为是正当的，都被认为是适用的，但是曾经的普遍做法是，如果一场战争是正当的，也就是说，是为正义而发动战争，那么为了取胜而采取的必要手段本身就是正当的，哪怕是不受欢迎或令人遗憾的行为。

但是就那些关注正义、关注行为正当性的人看来，这种传统的方式并不能充分表明参战是否正当（是否有战争权）。正如罗伯特·霍尔姆斯（Robert Holmes）在其《论战争与道德》（*On War and Morality*）一书中强有力的论证："不是目的证明手段的正当性，而是采用的手段能否被容许（包括杀人和破坏这种本质上是战争的一部分的手段），以及是否满足战争权的其他要求，来证明目的的正当性。"[1]战争中被杀死的不仅是"作恶之人"（evil doers），完全无辜的人同样也会受到牵连。如果杀人和摧毁人们生存的条件是不正当的，那么这一过程——战争——也是不正当的。因此，"若参战具有正当性，那么就要求所选择的手段从一开始就具有正当性。从事战争和选择（战争）手段这两件事不能截然分开……如果战争中采用的手段不正当，那么永远都不能把战争正当化。"[2]

考虑战争的时候，如果不考虑战争必然后果的正当性，而仅关注战争的表面目标，这在道德上是不负责任的，无论这种目标是收复历史疆域，还是维护荣誉、建立信用、反击侵略，或是其

[1] Robert Holmes, On War and Morality (Princeton；Princeton University Press, 1989), pp 178–179.

[2] Robert Holmes, ibid., p. 179.

他的任何理由。正如霍尔姆斯断言："战争的本质是组织化的暴行，是故意地、系统地造成死亡和破坏。不管是用核弹还是用弓箭，都是如此。"[1]

我曾亲身体会过对这一问题的普遍回避，那是大约10年前，我在被战争破坏的伊拉克工作时，前往加拿大参加一次会议。一位加拿大的参会者对我说，她非常遗憾加拿大没有加入"自愿联盟"（Coalition of the Willing），去入侵伊拉克和推翻残忍专制的萨达姆政府和复兴社会党（Baathist Party）。我告诉她，她应该高兴，因为她的政府经过深思熟虑，没有参加侵略和占领。

在稍后的讨论中，我谈到在巴格达流传的"街谈巷议"：伊拉克的新警察接到指令，要枪决那些因安装简易爆炸装置（improvised explosive devices, IEDs）而被捕的人，有一位政府高级官员亲手枪杀了一名囚犯，以此表达政府的决心。那时，简易爆炸装置杀死了大量的战斗人员和非战斗人员（我当时不知道——现在也不知道——这个故事是不是真的，我仅仅转告了我与一些伊拉克人交谈时他们告诉我的话）。那位积极支持加拿大政府参战的女士惊呆了，她恐惧不安，要求"采取措施"。我告诉她，在她支持参战前就应该考虑到会有类似的结果。这正是战争中会发生的事，这体现了某些人对战争的盲目支持，而只有在得

---

[1] Robert Holmes, ibid., p. 180. 霍尔姆斯补充道："因此，考虑到这点，一个人可以非常清楚地知道，在打仗时，他应承诺做到这些，充分地证明发动战争的正当性的同时，也要求证明这些行为的正当性。在战争中追求任何目标的正当性的一个必要条件是，不管是用什么手段（因此都必须满足"战争权"和"战争行为合法性"的必要要求），他首先能证明使用这种杀人和暴力行为的正当性。"

知战争涉及暴力、流血，甚至非法行为时，他们才会感到震惊。

战争不仅会导致意料之外的伤亡（这在决定是否参战时不知为何不曾考虑到），还会改变人们的性格，不仅使某些战斗人员丧失了道德准则，而且非战斗人员也是如此。乔·克莱因（Joe Klein）是一名受人尊重的记者，供职于《时代》（*Time*）杂志，他支持奥巴马总统。在一场电视辩论节目中，他言辞激烈地为奥巴马政府使用无人机空袭的行为辩护：

> 如果空袭是不正当的，如果是错误的人掌管政府，确实有很大的可能性会滥用武力。但是，最终的底线是：哪国的4岁孩子被杀死了？我们所做的正是要减少不加区别的恐怖行为杀害这里的4岁孩子的可能性。[1]

暂且不说其中非常明显且自以为是的党派偏见（“如果是错误的人掌管政府，确实有很大的可能性会滥用武力”），难以想象的是，他如此冷血地为（无人机）杀死4岁孩子辩护，可是克莱因并无悔意。人们在为“正确的人”所发动的战争辩护时，丧失了道德准则。

由于这些原因，加上其他一些理由，推定战争——无论何时何地——应该被反对。证明责任（the burden of proof）应该由将

[1] Quoted, with full video link, in Glenn Greenwald, “Joe Klein’s sociopathic defense of drone killings of children,” The Guardian, October 23, 2012, available at http://www.theguardian.com/commentisfree/2012/oct/23/klein-drones-morning-joe?newsfeed=true.

要发动战争或从事战争的人承担。满足这种举证责任需要极为充分的理由。一些人认为，永远不会有完全充分的理由；另一些人认为，自卫战争，或者甚至是针对真实威胁的先发制人的战争，就可能是正当的理由。在任何情况下，发动敌对行为要求压倒性的证据，并且战争只能用于防御，绝不能用于攫取，或仅仅是出于保卫“荣誉”或“信用”。如果某人不能确定是否支持战争，那么证明责任的逻辑会要求他反对参战。这里，没有中立，没有“或许”，如果不能支持战争，那就要反对战争。选择是非此即彼的，即支持或反对。

战争是国家兴旺之道

战争是国家兴旺之道。战争自动地以无可抗拒的强大力量动员全社会，要求统一行动，要求热情地与政府合作，迫使那些缺乏更大范围群体意识（herd sense）的小团体和个人服从。

——兰道夫·伯恩（Randolph Bourne）[1]

战争处处挑战法制。战争破坏法治原则，将权力集中于政府的执行机构，为权力的各种滥用提供了现成的理由。近年来的证据表明，政府基于非常含糊的法律规定安置了大规模监控设备，

[1] Randolph Bourne, “The State,” in Randolph Bourne, The Radical Will: Selected Writings 1911–1918 (Berkeley: University of California Press, 1992), pp. 355–395, p. 360.

这正是权力滥用的例子。仅仅数年前，这种监控会被当作疯子的妄想，而如今在“反恐战争”的名义下，这完全正当化了。

战争增强了政府的权力，增强了政府实施强制措施的能力。在每次战争中，政府都获取了新的权力，就算要削减这些权力，也要花费许多时间，付出许多努力。类似其他危机，战争启动了“棘轮效应”[1]，国家权力的增加远高于战前水平，虽然新增的这些权力在战争结束后可能衰减，但已很难回落到战前的水平。经济历史学家罗伯特·希格斯（Robert Higgs）解释道，政府为了应对“危机”，特别是在战争或萧条期扩展。“随着危机的发生，政府将其有效权力的范围扩大至经济决策”，而“危机之后的（权力）缩减不完全，相比危机不曾发生的情形，政府就这么永久地膨胀了”。[2] 战争为强迫劳动（以征兵的方式）、征税、没收和征用商品、配给制等铺平道路。新机构、新权力、新税收，都能以“赢得战争”“打败敌人”“拯救国家”的名义获得正当性。战争孕育集体主义和国家主义。

战争带来税收和债务，托马斯·潘恩（Thomas Paine）对此冷静地解释道：

在所有的国家里，战争都是所有参与公共财产分配和支出的

[1] 棘轮效应（ratchet effect）是指行为具有不可逆性。一个行为在经过了一个阶段后，很难返回从前，就象在机械上的棘轮，可以将弹簧锁着而返不了从前一样。——译者注

[2] Robert Higgs, Crisis and Leviathan: Critical Episodes in the Growth of American Government (Oxford: Oxford University Press, 1987), p. 73.

人的共同收获，它是征服国内的策略，其目标是增加财政收入，而没有税收的话，就增加不了财政收入，因此必须找到支出的借口。审视英国政府的历史，审视其战争和税赋，若一名观察者不被偏见蒙蔽，不被利益扭曲，那他就能宣称，不是增加税赋以支持战争，而是发动战争以支持税赋。[1]

要增加人民的税赋，战争是最好不过的正当理由。玛格丽特·列维（Margaret Levi）发现，政府的历史显示“最容易被接受的征税的正当理由就是战争”。[2]

在战争期间，批评会被认为是背叛、失败主义和不爱国。公民自由被废弃，审查制度被建立，报纸被停刊，而对公民的监视也得到授权。国内同胞被认为是敌人，他们被妖魔化、被骚扰、被逮捕、被拘禁、被驱逐，或者被杀害。

最后，战争破坏负责任的政府。战争让当权者在追求国家目标的掩护下，追求他们自己的目标。政治精英凭借战争所提供的手段强化自己的权力，转移民众对其内政失败的注意力，并统一舆论支持在位的当权者。威廉·莎士比亚（William Shakespeare）在他的历史剧《亨利四世·下篇》（*Henry IV, Part II*）中戏剧化地表达了战争对政治的影响，剧中的老国王召见他的儿子，解释远征外国对加强国王权力的好处：

---

[1] Margaret Levi, Of Rule and Revenue (Berkeley: University of California Press, 1988), p. 105.

[2] William Shakespeare, Henry IV, Part II, Act IV, Scene 5.

那些拥护我的人们，也就是你也一定得当作朋友的人；
他们的锐牙利刺不过是新近拔去；
他们用奸险的手段把我扶上高位，
我不能不对他们怀着疑虑，
怕他们会用同样的手段把我推翻；
为了避免这种危机，我才多方剪除他们的势力，
并且正准备把许多人带领到圣地作战，
免得他们在国内闲居无事，又要发生觊觎王座的图谋。
所以，我的哈利，
你的政策应该是多多利用对外战争，
使那些心性轻浮的人们有了向外活动的机会，
不致在国内为非作乱，
旧日记忆也可因此而消失。[1]

“多多利用对外战争”是常见的统治之术。不限于西方或东方，北方或南方，民主或独裁。它是权力的工具，而且时常奏效。

谁来负责

有组织的人类暴力付出了生命、自由和繁荣的巨大代价，很

[1] Plutarch, Plutarch’s Lives. The Translation called Dryden’s. Corrected from the Greek and Revised by A. H. Clough, in 5 volumes (Boston: Little Brown and Co., 1906). Vol. 4, Chapter, “Cato the Younger.” Accessed from http://oll.libertyfund.org/title/1774/93963 on 2014-02-22.（译文参考了《亨利四世 · 下篇》，朱生豪译，第四场第五幕。——译者注）

少符合正义的理性要求，而且战后也很少有正义。失败者可能受到惩罚，但胜利者却几乎从不会因为他们对受害者的所作所为而受到审判，长期以来皆是如此。古罗马哲学家和参议员小加图（Cato the Younger）曾公开斥责史上最有名的刽子手之一——尤利乌斯·恺撒（Julius Caesar）——的某一残暴战争罪行，历史学家普鲁塔克（Plutarch）描述了罗马参议院中这令人难忘的一幕：

此时，恺撒正与许多好战的民族交战，冒着巨大的风险征服他们。在这其中，他已对日耳曼人发动了突然袭击，并在休战期间屠杀了30万日耳曼人。为此，加图的朋友们带他去参加一个公共的感恩祈祷；但是加图宣称，他们应该将恺撒交到那些遭到不公对待的人手中，以此惩罚罪人，才不会让这座城市遭到诅咒。加图说："是的，我们有理由感谢上天，因为他们饶恕了这个共和国，并没有因大众的疯狂和愚蠢而报复到军队头上。"

当然，恺撒并没有被逮捕或被交给大屠杀的少数幸存者。幸存者们毫无机会惩罚恺撒，没有办法为屠杀中丧命的亲人报仇雪恨。实际上，恺撒继续在他关于高卢战争（Gallic Wars）的书中炫耀其煌煌战绩。他借用第三人来描述他自己，谈到他的组织对日耳曼人营地的突袭：在扣押了前来和谈的日耳曼部落领袖之后，恺撒发动突袭，他的军队大肆屠戮毫无戒备的对手。

剩下的人，包括儿童和妇女（他们和家人一起离开了祖国，渡过了莱茵河），在恺撒骑兵的追击下，开始向四面八方飞奔逃跑。这些日耳曼人听见身后的喧嚣，发现他们的家人正被杀害，他们扔掉武器，放弃原则，逃出营地。而当他们到达默兹河和莱茵河的交汇处时，幸存者因穷途末路而陷入绝望，他们的许多同胞被杀死。他们跳入河中，正是由于这恐惧、疲惫和激流，他们就此丧生。我们的战士在战前得到警告这是一场大战，敌人人数多达43万，但在战后，他们都安然无恙地返回了营地，没有人阵亡，甚至受伤的人都很少。[1]

如今还有多少人记得恺撒大帝主导的这场冷酷无情的屠杀？一夜之间就有数十万人遇害！只有这位斯多葛学派的哲学家和参议员小加图谴责了恺撒的暴行，而小加图最终为此付出了生命的代价。第二次世界大战中的战败方的罪行受到了指控，但是很少有人关注战胜国的政客或士兵的犯罪行为。最为突出的是苏联，但也包括美国和英国，有法庭材料显示英国有杀害俘虏的情况，但极少有人因此被起诉。[2]

战争是有组织的人类暴力。战争是破坏性的，而不是建设性的；战争带来死亡，而非生命；战争是不负责任权力的朋友，是

---

[1] Julius Caesar (2004-01-01). “De Bello Gallico” and Other Commentaries, Book IV, 14–15 (Kindle Locations 1374–80). Public Domain Books. Kindle Edition.

[2] 阅读当时那些肆无忌惮暴行的记录真是令人精疲力竭的事。轴心国（以及德国的苏联盟友）发动了战争，而某些轴心国的军事和政治领导人受到了公正的惩处，但他们不是大屠杀的唯一来源。大多数犯罪完全未得到惩罚，而这就是战争的常态。

繁荣的敌人。

数千年以前，一位无名诗人讲述了荷马（Homer）和赫西奥德（Hesiod）——西方文明世界最重要的两位诗人——之间的一场竞赛。荷马是经典战争史诗《伊利亚特》（*Iliad*）的作者，《伊利亚特》的开篇即是“愤怒——女神，歌唱吧！歌唱帕琉斯之子阿喀琉斯的愤怒”，而《工作与时日》（*Works and Days*）的作者赫西奥德讲述的是如何过上高效而高尚的生活。记录这两位诗人之间的竞赛的诗歌是一部天才之作。每位诗人都被要求引用自己经典作品中的诗句，一位用他自己的诗句起头，而另一位则用他自己的诗句结尾。赫西奥德的风格非常贴近日常生活，而荷马的则非常宏大华丽。在荷马赞颂战争的段落之后，

所有的希腊人都呼吁荷马加冕夺桂。但是国王帕内德斯（Paneides）命令这两名诗人各自背诵他们自己的最佳诗篇。于是，赫西奥德吟诵了这样的诗句（源自于他关于耕种和收获的诗歌）：

“当阿特拉斯的女儿，普雷阿蒂斯七姊妹，开始长大，开始收获，开始耕种土地……”

接下来是荷马（源自于赞美战争之辉煌，赞美等级秩序之荣耀的篇章）：

“盾如云，盔如林，扈从相随，当他们低头，盔顶的马鬃毛起伏轻扬……”

比较了这两段诗歌之后，

希腊人为荷马欢声雷动，迄今为止，他对手的水平不过尔尔；他们要求将荷马判定为胜者。但是国王却把桂冠授予了赫西奥德，宣称他号召人们追随和平、从事农业是正确的，比起迷恋战争和屠杀的荷马，赫西奥德理当获得这样的奖赏。[1]

现在，是时候来庆祝和平的美德，合作与勤劳的美德，贸易与商业的美德，科学与知识的美德，爱与美的美德，自由与正义的美德了！要放弃战争的恶习，冲突与破坏的恶习，掠夺与没收的恶习，审查与压制的恶习，仇恨与恐怖的恶习，强制与践踏法律的恶习！在现代世界里，在走向繁荣的和平世界里，理当奖赏那些号召人类追随和平的人，而非号召战争和屠杀的人。

自由与和平

自由与和平是选择问题，它们已经让数十亿人摆脱贫穷和苦难，并且还将继续下去。自由与和平的选择是理智的男人和女人的正确选择。对那些在和平中从事创造和贸易的人而言，这是勇气，这是激情，这是气魄，这是伟大，这甚至是一种荣耀！而

[1] Unknown author, "Of the Origin of Homer and Hesiod, and of their Contest," in Hesiod, the Homeric Hymns, and Homerica, trans. by Hugh E. G. Evelyn-White (Cambridge, Ma.: Harvard University Press, 1914), pp. 585–587.

这种勇气，这种激情，这种气魄，这种伟大，这种荣耀远比它们在战争中呈现的残酷的扭曲镜像更有价值！创业、繁荣、市民社会、友谊、成就、生产力、艺术、知识、美丽、爱情、亲情、满意、满足、快乐——这些或在和平中实现，或在战争中摧毁。

对那些抱怨和平“平淡无聊”的人，对于那些渴望敌对、冲突和暴力的人，伟大的古典自由主义作家本杰明·康斯坦（Benjamin Constant）在多年以前就回应道：

难道我们活着仅仅是为了用我们的尸体为你的荣耀铺路？你有战斗的天才，但这对我们又有什么好处？你厌倦了宁静的和平，但你的厌倦又关我们什么事呢？[1]

在人类历史上这么多的战争和屠杀之后，终于是时候奖赏那些追随和平从事生产的人了，而不是奖赏那些迷恋战争和屠杀的人。

---

[1] Benjamin Constant, “The Spirit of Conquest and Usurpation and Their Relation to European Civilization,” in Constant, Political Writings, Biancamaria Fontana, ed. (Cambridge: Cambridge University Press, 1988), p. 82.

2

战争的衰落与人性的概念

史蒂文·平克（Steven Pinker）

The Decline of War and Conceptions of Human Nature

人性不是一种单一的特征或欲望，而是由许多部分组成的复杂系统，包括若干导致暴力的机制和若干遏制它的机制。并且，导致暴力的机制不是不可抗拒的稳定力量，而是对特殊环境做出的功能性反应，可以与时俱变。其中一种抑制暴力的机制是能够产生无穷无尽思想的开放式组合系统，而恰恰在这些思想之中，存在着减少战争可能性的因素。

可能很难相信，但战争的发生率正在降低。这一引人注目的事实有什么证据？又有些什么原因？史蒂文·平克（Steven Pinker）是哈佛大学心理学系的一位约翰·斯通家族教授。从事语言和认知的研究，为《纽约时报》《时代周刊》和《新共和国》等刊物撰稿，并有8部专著，其中包括《语言本能》（*The Language Instinct*）、《大脑如何工作》（*How the Mind Works*）、《文字与规则》（*Words and Rules*）、《空白的石板》（*The Blank Slate*）和《思想的原料》（*The Stuff of Thought*），而他最近的著作是《人性中的善良天使：暴力为什么会减少》（*The Better Angels of Our Nature: Why Violence Has Declined*）。

战争正趋于衰减

看来战争正趋于衰减。在第二次世界大战结束后的三分之二个世纪里，总体来说，军事大国和发达国家很少在战场上兵戎相见，这是史上前所未有的状态。[1] 与专家们的预测相反，美国和苏联并没有发动第三次世界大战。1953 年朝鲜战争结束后，军事大国之间也再未交战。之前 600 年间，西欧国家每年爆发两次新战争，但 1945 年后一次都不曾有过。而且，全世界大约 40 个最富裕的国家之间也不曾有过武装冲突。另一个惊喜是，自从 1989 年

[1] 霍尔斯蒂（Holsti，1986），杰维斯（Jervis，1988），卢亚德（Luard，1988），加迪斯（Gaddis，1989），米勒（Mueller，1989, 2004, 2009），雷（Ray，1989），霍华德（Howard，1991），基冈（Keegan，1993），佩恩（Payne，2004），加特（Gat，2006），格莱迪奇（Gleditsch，2008），参见平克（Pinker，2011）第五章。

冷战结束后，世界范围内各种类型的战争都在减少。[1] 国家之间的战争已变得极为稀少，而内战的数量经过 20 世纪 60～90 年代的增长之后也在下降。在世界范围内，国家之间的战争及内战相关的死亡率也同样急剧下降，第二次世界大战期间每 10 万人中有 300 人死亡，朝鲜战争中是每 10 万人中就有将近 30 人死亡，越战中是每 10 万人中有 10 多人死亡。20 世纪 70～80 年代，每 10 万人死亡人数下降到个位数，21 世纪则不到 1 人。

我们是否应该严肃地将此作为战争衰减的证据？这是否是统计数据的偶然，就像某个赌徒最终必将耗尽的连胜好运？或是战争及其人身代价的计算方式所产生的人为结果？还是必然的周期循环中的暂时缓和——犹如暴风雨前的平静，或如将面临超级地震的圣安德列斯断层（San Andreas Fault），或如一片正在生长的森林将被一不小心扔下的第一个烟头点燃？没人能给出绝对的答案。下面，我将通过分析人性的本质来讨论这些问题。

许多观察家怀疑战争会有减少的可能。他们说，人的本性没有改变，因此，我们仍然具有先天性暴力倾向，这种暴力型倾向导致了历史上持续不断的战争。有足够的证据证明先天性的侵略倾向：灵长类动物中无处不在的侵略行为和人类社会普遍的暴力皆可为证，包括杀人、强奸、家庭暴力、骚乱、劫掠和争斗。此

[1] 人类安全中心 2005 年报告（Human Security Centre Report，2005），拉齐那、格莱迪奇和拉西特（Lacina, Gleditsch, Russett，2006），人类安全中心 2007 年报告（Human Security Report Project，2007），格莱迪奇（Gleditsch，2008），戈德斯坦（Goldstein，2011），人类安全中心 2011 年报告（Human Security Report Project，2011），参见平克（Pinker，2011）第六章。

外，有充分的理由相信，某些基因、激素、大脑回路和自然选择的压力在我们的物种进化中对暴力产生了影响。[1]1945 年至今只有两代成年人的时间，这些压力不可能已经逆转，我们也无法消除几百万年来古人类进化的结果。既然导致战争的生物冲动仍未消失，那么任何和平的插曲都注定短暂。所谓战争趋于减少只是人为的结果或侥幸的赌运，相信该结论的人常被指责为浪漫主义、理想主义或乌托邦分子。其实，少数卢梭主义者已经相当接受这种说法，他们否认人性从一开始就有暴力的冲动。他们说，我们纯粹是倭黑猩猩（即所谓的嬉皮士黑猩猩），充满爱心并拥有富有同情心的神经细胞，因此我们天性就趋于和平。

我的确不相信我们是嬉皮士黑猩猩，但我的确相信战争真的在衰减。既然我被认为是推崇霍布斯哲学的现实主义者，我就特别适合论证，战争的衰减可与现实的人性观协调一致。在《空白的石板》（*The Blank Slate*）一书中，我认为，经过自然选择所形成的人类大脑，除了其他特性，还包括贪婪、恐惧、复仇、愤怒、阳刚之气、部落主义和自我欺骗，这些特性单独或组合在一起，就能够刺激我们人类走向暴力。然而，我将指出，这种老调重弹的人性观与认为战争衰减是人类历史的一种真实且可长期持续发展的观点，可以完美协调。

[1] 参见平克（Pinker，2011）第二章、第八章和第九章。

战争衰减与现实人性观协调一致的四大理由

奇怪之事已经发生

特定种类的暴力发生频率下降，在某些情况下甚至会消失，这在人类历史上绝非罕见。在我的书《人性中的善良天使》(*The Better Angels of Our Nature*) 和詹姆斯·佩恩的著作《武力的历史》(*A History of Force*) 中，记载了许多这类事例：

- 无政府状态下部落社会的战争死亡率约为早期国家中的战争死亡率的 5 倍。
- 活人献祭是每个早期文明的常规做法，而现在已经消失了。
- 从中世纪到 20 世纪，在欧洲，杀人的犯罪率至少下降了 97%。
- 在人道主义革命集中的 18 世纪下半叶，各主要西方国家都取消了将酷刑作为刑罚手段。
- 欧洲国家曾有数百种死刑罪名载于书中，其中包括极其轻微的罪行，比如盗窃一棵卷心菜和批评皇家园林。从 18 世纪初开始，死刑逐渐只被保留用以惩罚叛国罪和最严重的暴力犯罪。在 20 世纪，除了美国之外，所有西方民主国家都废除了死刑。即使在美国，50 个州中也有 17 个州已经废除了死刑，在保留死刑的各州里，人均处决率与殖民地时期相比，也只是极少的一个零头。
- 奴隶制在全球各地都曾经是合法的，但 18 世纪废奴浪潮开始席卷全世界。1980年，毛里塔尼亚废除了奴隶制，从而终结了这一制度。

- 人道主义革命还废除了猎杀女巫、宗教迫害、决斗、狩猎运动（blood sports）以及关押债务人的监狱。
- 对非裔美国人的私刑曾经每年发生150起。20世纪上半叶，发生率下降为0。
- 对儿童的体罚，既包括学校里制度化的戒尺惩戒和鞭挞，也包括在家中的打屁股和掌掴，在大多数西方国家中持续急剧下降，并在好几个西欧国家已成为非法行为。
- 杀人、强奸、家庭暴力、虐待儿童和歧视罪的犯罪率自20世纪70年代以来急剧下降（有些已下降了80%）。

既然已有了暴力减少的这些实例，争论人性是否容许暴力发生率改变已无意义。显然，人性确实允许这种改变。唯一的问题是如何改变的？

人性具有多种成分

人们趋于将人性简化为某种单一的本质，然后争论这种本质是什么。我们是下流的还是高贵的？是霍布斯式的还是卢梭式的？是猿猴还是天使？以这种方式思考，如果我们经常陷入暴力，我们一定是热爱暴力的物种；如果我们能保持和平，我们一定是和平主义者。

但大脑是令人难以置信的复杂器官，有许多可以在解剖学上和化学上区分的回路。大多数心理学家认为，人性不是单一的，它包括多元的智能、模块、官能、器官、驱动力或其他的子系统。其中一些子系统驱使我们使用暴力，但别的子系统又抑制我们的暴力倾向。

人类暴力至少源于四种动机，每种动机又包括以下不同的神经生物学系统：

利用：使用暴力作为达成目的的手段。也就是说，损害那些不幸阻碍了行为人实现其欲望的人。比如，掠夺、强奸、征服、迁移或灭绝原住民、谋杀或监禁政治或经济上的对手。

统治：个体之间力争上游并成为地位最高的雄性的冲动，而群体之间相应的冲动是争夺部落、民族、种族、国家或宗教的至高权力。

复仇：违背道德的人应受到惩罚的信念。

意识形态：是具有乌托邦前景的共享的信仰体系，像“病毒”一样传播，或者依靠武力或教化来扩散。比如，民族主义、法西斯主义、纳粹主义和好战的宗教。既然乌托邦的世界永远无限美好，那就允许采取无限暴力的来对抗那些挡路的人，正如俗话所说，“不打破几个鸡蛋，就做不成煎蛋卷。”

抵制这些令人讨厌的冲动的是我们另外一些友善温和的官能：

自我控制：大脑前部脑叶中的回路可预见行为的长期后果，

并相应地进行抑制。

同情心：感受他人痛苦的能力。

道德感：一种关于规范和禁忌的系统，集中体现在个人对公平的直觉、对团体的忠诚，捍卫合法权威，保护纯洁与神圣。道德感可以激励实施公平的标准，可以使某些特定的有害行为的过程变得不可想象（不幸的是，道德感也可能导致暴力，因为它可以使基于部落主义、禁欲主义和权威主义的好战意识形态合理化）。

理性：我们能够进行客观、独立分析的认知过程。

那么，人们是否实施暴力行为便依赖于这些官能之间的相互作用。人性的本身并不注定我们人类的暴力将保持恒定不变。

特别地，决定发动战争可由诱导暴力的各种动机的任意组合而触发。如果这一决定没有被任何抑制暴力的动机推翻，那么决策者必须鞭策同胞，唤醒他们的侵略动机，以动员组织一个侵略联合体，同时让趋于和平的动机无所作为。因此，战争的实际爆发取决于许多心理过程，这些心理过程需要恰好都处于战争这一边，而且须避免其他心理过程的抑制性影响。这些过程分布于联系许多个体的社交网络之中。没有理由认为，在人类历史进程中，这些相互竞争影响的相对强度应保持恒定不变。

人性的功能性成分

人性中的许多成分都是功能性的（对环境状况敏感），而不是稳定的（自我调节的）。认定战争趋于缓和不可能为真，这种直觉常常是基于把暴力动机想象为一种稳定的心理模式。这种力量最多能被转移或引导，但不能被永久封闭。在我们关于暴力的思维中，认为人类动机是稳定的模式根深蒂固。我们通过精神分析、行为学和行为主义（以减少动机为借口），赋予了这种模式某种科学性，并且它与自我调节的控制论理念相契合。在这种理念中，反馈回路反作用于任何不平衡的方式，将系统维持在稳定状态。这也符合我们的主观经验：没有人能长期坚持不要食物、饮水或睡眠，而如果没有性生活，或者要抑制打哈欠、打喷嚏、挠痒或排泄的迫切欲望，也会是一种挑战。

但是，如果认为所有的人类反应都是自我调节的，那就大错特错了，因为很多反应是机会性的、回应性的或功能性的，是由环境诱因与认知和情感的状态相结合所引发的。我们可以考虑一下因进化而形成的恐惧，比如对高处、蛇、监禁、深水或蜘蛛的恐惧。就算某人天生怕蛇，只要他从不曾遇见一条蛇，他的一生中也不会体验到这种恐惧。其他的例子包括战栗的倾向，陷入神魂颠倒的爱情，等等。

那么，导致暴力的动机也未必是自我调节性的。没有理由相信，伤害某人的欲望会逐步积累，并需要周期性释放。暴力有显著的伤亡风险，所侵犯的对象会自我保护，或者他的亲人会报仇雪恨，或者他试图先发制人。自然选择的理论预测，当预期成本超过预期收益时，适应性将发生演化。如果是稳定的暴力冲动，我们不应期待能演化，因此这种冲动应该是对环境敏感的。例如，掠夺和剥削的冲动在有机会以低风险剥削受害者时就会显现出来；统治欲在当某人的男子气概在重要的观众面前突然遭到责难时会发生；复仇是为了惩罚（从而最终阻止）侮辱和伤害；暴怒的冲动发生在某个长期存在的威胁突然暴露出其脆弱之处时。如果这些情况从未出现，比如说如果某人过着有序且优越的生活，从未遇到严重的威胁或侮辱，任何暴力反应的倾向都可能处于休眠状态，就像没见过毒蛇的人感觉不到对蛇的恐惧。如果情况适宜，未出现突发事件，同样的环境敏感性会使政治领导人体会不到任何动员其国家进行战争的冲动。

人类认知是开放的生成系统

在可以阻止我们暴力行为的多种官能中，有一种尤为特殊，那就是使人类能进行理性思考的认知机制。理性是组合性的系统，可产生爆炸性数量的不同想法。正如我们词汇中的数万单词可以通过语法规则组成数以万亿的句子，我们思维中的各种概念数量更大，它可经由认知过程组成不可胜数的条理清晰的想法。[1] 人类所有可能的思想空间中包括了信仰、神话、故事、宗教、意识形态、迷信，以及直观的和正式的理论。这些想法从我们反复的思考中产生，通过语言，经过我们的社会网络传播，从而进一步微调、修改和整合。如果有恰当的社会基础设施——识字能力、公开的辩论、人员和思想的流动性、共同致力于逻辑的一致和经验的可检验性——那么高水平的科学、深刻的数学真

[1] 平克（Pinker，1994, 1997, 1999）

理，以及有益的发明就可能不经意地从闲谈中出现。

正如人类已经能运用其认知能力来抵御瘟疫和饥荒等灾害，他们也同样能运用这种能力来对付战祸。毕竟，虽然战利品总是诱人的，但迟早人们定然会明白，从长远来看，胜败往往会易位，因此，无论如何，如果每个人都同意放下武器，那么每个人的状况都会变得更好。难就难在，当你放下武器时，如何让其他人也同时放下武器，因为单方和平主义会让这一社会遭受依然好战的邻居的侵略。

无须空想，人类的智慧和经验已在逐渐用以解决这一问题，正如已逐渐减少了饥饿和疾病。以下是人类认知的成果，这些成果减少了领导人和民众进入战争的动机。

政府：政府减少了发动剥削性攻击的诱因，因为法律的惩罚抵消了预期的收益。这反过来又降低了潜在被攻击目标对潜在的侵犯者发动先发制人的攻击的冲动，或保持好战的姿态来阻止侵犯者的动机，或在事后实施报复的诱因。

对政府的限制：如民主机制，由此，政府对公民施加的暴力不会比其阻止的暴力更多。

商业机制：这使得购买比掠夺更划算，也让他人更珍视生命而非死亡。

国际社会：国际社会可以传播非暴力合作的规范，这种规范在很大程度上类似于那些让个人能在社区里和工作中和谐相处的规范。

政府间组织：可以鼓励商业、化解纠纷、孤立参战国、监督违规、惩罚侵略。

对侵略的反应手段：如经济制裁、隔离、象征性宣言、非暴力抵抗的策略以及相对应的反击，而非全面的报复。

和解的措施：如举行仪式、建立纪念碑、设立调查真相的委员会以及正式道歉，这些手段通过减轻报仇的冲动，巩固了从前的敌人之间的妥协。

人文主义的反意识形态：如人权、博爱、同情心的扩展和对战争的妖魔化，这些可以在思想市场中与民族主义、军国主义、复仇主义和乌托邦式的意识形态相竞争。

以上成果以及其他认知上的设置，似乎已削弱了经常性的摩擦（这是人与人之间互动的特点）引发实际战争的可能性。[1] 这些人类智慧的结晶，有许多都被自由主义理论或康德的和平理论引用，并用来暗示启蒙思想家的正确性。正如从理性时代到启蒙运动的其他政治理论家洛克、休谟、斯宾诺莎等那样，康德既论证了有利于非暴力的条件，也论证了人类认知的组合机制。我认为，心理利益和政治利益的结合绝非巧合。

---

[1] 拉西特和奥尼尔（Russett，Oneal，2001）；朗和布罗基（Long，Brecke，2003）；米勒（Mueller，2004，2010）；格莱迪奇（Gleditsch，2008）；戈德斯坦（Goldstein，2011）；人类安全中心 2011 年报告（Human Security Report Project，2011）。

结论

唯有时间能告诉我们，战争衰减是人类状况的持久变化，还是短暂的平静或统计数据的巧合。但是，我希望已经消除了有些人怀疑战争确实在衰减的根源之一：即认为人性中暴力的一面不让战争衰减无法实现的这种直觉。不仅暴力在其他方面的衰减已无可置疑地在人类历史长河中发生，而且这种衰减与不带感情地评价扭曲的人性之材（the crooked timber of humanity）也完全兼容。我们根植于认知科学和进化心理学的现代人性观，表明人类不管有多大缺陷，仍然有办法遏制自身的卑劣倾向。人性不是一种单一的特征或欲望，而是由许多部分组成的复杂系统，包括若干导致暴力的机制和若干遏制它的机制。并且，导致暴力的机制不是不可抗拒的稳定力量，而是对特殊环境做出的功能性反应，可以与时俱变。其中一种抑制暴力的机制是能够产生无穷无尽思想的开放式组合系统，而在这些思想之中，存在减少战争可能性的因素。

参考文献

[1] John Lewis Gaddis. The Long Peace[M]. New York: Oxford University Press, 1989.

[2] Azar Gat. War in Human Civilization[M]. Oxford: Oxford University Press, 2006.

[3] Nils Petter Gleditsch. The Liberal Moment Fifteen Years On[J]. International Studies Quarterly, 2008, 52(4): 691–712.

[4] Joshua S Goldstein. Winning the War on War[M]. New York: Dutton, 2011.

[5] Kalevi J Holsti. The Horsemen of the Apocalypse[J]. International Studies Quarterly. 1986, 30(4): 355–372.

[6] Michael Howard. The Lessons of History[M]. New Haven, CT: Yale University Press, 1991.

[7] Human Security Report 2005[M]. Human Security Centre, New York: Oxford University Press, 2005.

[8] Human Security Brief 2007[M]. Human Security Report Project, Vancouver, BC: HSRP, 2007.

[9] Human Security Report 2009/2010[R]. Human Security Report Project, New York: Human Security Report Project, 2011.

[10] Robert Jervis. The Political Effects of Nuclear Weapons—A Comment[J]. International Security, 1988, 13(2): 80–90.

[11] John Keegan. A History of Warfare[M]. New York: Vintage, 1993.

[12] Nils Petter Gleditsch, Bethany Lacina, Russett Bruce. The Declining Risk of Death in Battle[J]. International Studies Quarterly, 2006, 50(3): 673–680.

[13] William J Long, Brecke Peter. War and Reconciliation[M]. Cambridge, MA: MIT Press, 2003.

[14] Evan Luard. The Blunted Sword[M]. New York: New Amsterdam

Books, 1988.

[15] John Mueller. Retreat from Doomsday[M]. New York: Basic Books, 1989.

[16] John Mueller. The Remnants of War[M]. Ithaca, New York: Cornell University Press, 2004.

[17] John Mueller. War Has Almost Ceased to Exist Politica Science Quarterly[J]. 2009, 124(2): 297–321.

[18] John Mueller. Capitalism, Peace, and the Historical Movement of Ideas[J]. International Interactions, 2010, 36(2): 169–184.

[19] James L Payne. A History of Force[M]. Sandpoint, ID: Lytton, 2004, 52(4): 691–712.

[20] Steven Pinker. The Blank Slate[M]. New York: Viking, 2002.

[21] Steven Pinker. The Language Instinct[M]. New York: HarperCollins, 1994.

[22] Steven Pinker. How the Mind Works[M]. New York: Norton, 1997.

[23] Steven Pinker. Words and Rules[M]. New York: HarperCollins, 1999.

[24] Steven Pinker. The Better Angels of Our Nature[M]. New York: Viking, 2011.

[25] James L Ray. The Abolition of Slavery and the End of International War[J]. International Organization, 1989, 43(3): 405–439.

[26] Bruce Russett, Oneal John. Triangulating Peace[M]. New York: Norton, 2001.

3

和平的经济学：为什么邻居比你富是件大好事

埃曼努埃尔·马丁（Emmanuel Martin）

The Economics of Peace: How Richer Neighbors Are Very Good News

和平显然是不同国家间能共同致富的首要条件。战争破坏人类生活，消灭财富，制造饥荒，并浪费宝贵的资源。战争是负和博弈。政治经济学的任务之一就是展示战争的代价，证明和平的价值。如果问一位来自苏黎世的瑞士人或一位来自斯德哥尔摩的瑞典人，为什么他们的城市或国家富得不可思议？他们很可能会回答："我们不曾陷入两次世界大战。"

如果一人有所得，他人就一定有所失吗？如果一国有所得，就一定会让他国付出代价吗？是否人类群体之间注定要陷入永久冲突？埃曼努埃尔·马丁（Emmanuel Martin）是一名经济学家，也是欧洲经济研究所（Institute for Economic Studies - Europe）的执行董事。除了在欧洲和非洲各地组织活动，他还是网站 UnMondeLibre.org 和 LibreAfrique.Org 的创始编辑。他的作品见诸于法国的《回声地带》（*Le Cercle des Échos*）和《回声报》（*Les Échos*），意大利的《费加罗报》（*Il Foglio*），比利时的《回声报》，摩洛哥的《自由报》，以及《华尔街日报》（欧洲版）。

一国的战争成本高于战争中的实际支出，其成本还包括所有那些如果没有爆发战争原本能得到的东西。[1]

——让－巴蒂斯特·萨伊（Jean-Baptiste Say）

胜者与败者

许多人认为，如果有人获得利润，必然会有其他人亏损，他们认为，人与人之间的损益总和是零。也就是说，每当某些人有所得，另一些人就有同样的损失。因此，相信这种说法的人，一

[1] Jean-Baptiste Say, A Treatise on Political Economy, (Philadelphia: Lippincot, Grambo & Co.), Book III, chapter 6, §. 51. Accessed online: http://www.econlib.org/library/Say/sayT39.html#Bk.III,Ch.VI.

看到有人繁荣发达了，就会去找谁倒了霉。如果这是繁荣的唯一可能模式，社会矛盾将无所不在，战争将不可避免。

幸运的是，还有繁荣发达的其他模式，不会给他人带来相应的损失。当今世界正是存在这种模式最强有力的证据，因为几乎世界各地的收入都增长了。越来越多的人更健康、更长寿，而且生活比过去更富裕。不仅更多的人在走向繁荣，而且有史以来占世界人口比例最多的人在走向繁荣。

当然，在某些情况下，某人的所得是以他人为代价的。比如，小偷盗窃东西，小偷的所得是以受害人为代价的。但是，除了盗窃，还可以通过其他活动获得财富，如工作、创新、发现、投资和交换。

史上最重要的经济学家之一让－巴蒂斯特·萨伊，清晰直接地阐释了为何你的所得同样也能是我的所得。由此，他不仅阐释了物质繁荣的经济学基础，也阐释了和平的经济学基础。萨伊有时被认为是“法国的亚当·斯密”，但实际上他远不止是一位斯密思想的通俗化阐释者，他对斯密的思想有重大发展。

和斯密一样，萨伊批评战争、殖民主义、奴隶制和重商主义，而倡导和平、独立、解放和自由贸易。他超越斯密的地方不仅是解释了服务具有价值（其实，实体商品的价值也是因为其所提供的服务），而且解释了商品和服务的生产是对其他商品与服务需求的源泉。有时这被称为“萨伊市场定律”（Say’s Law of Markets）。这是一个非常重要的洞见，不仅对“宏观经济学”非常重要，而且对普遍的社会关系也非常重要，尤其对国际关系更为重要。如果人们能自由贸易，交易一方所增长的财富有利于其交易伙伴的繁荣兴旺，因为交易伙伴日益繁荣意味着对他方的商品和服务会有更多的有效需求。

自由市场的敌人尤为突出的是经济民族主义者和重商主义者，他们认为如果某国要更加繁荣，必然要牺牲其他国家。他们有着所谓“零和”世界观，即认为总收益为零。如果某人有所得（“加”），他人必有损失（“减”）。萨伊表明这是错的。而这对和平很重要，因为这意味着各国可以共同繁荣，因为自愿贸易带来互利共赢。贸易是正和博弈，即总收益为正。相反，冲突和战争比零和博弈（即一方所得与另一方所失相等）的情况更糟。战争注定是负和博弈，在这种情况下，总损失大于总收益，并且参战双方都会遭受损失。

生产者和消费者组成的世界

各国将得到教训，其实它们在相互厮杀中毫无便宜可占，它们肯定会遭受失败导致的所有灾难，而胜利的好处完全是幻想。[1]

——让－巴蒂斯特·萨伊

萨伊解释道，在相互交换的经济体中，人们应被看作既是

[1] Say, Treatise, Book III, chapter 6, §. 54. http://www.econlib.org/library/Say/sayT39.html#Bk.III,Ch.VI.

生产者也是消费者。生产就是“给予商品以效用，从而赋予其价值”。[1] 工业的进步是以产生新产品和降低现有产品价格的能力来衡量的。当更多商品被生产出来时，价格就会降低，也就是说，这会增加消费者购买其他商品的能力。

萨伊认为，企业家在创造“效用”的过程中起着至关重要的作用。萨伊本身就是个企业家，因此他明白“企业家”的角色，企业家冒着风险经营新事业，并寻求那些以最小代价生产商品和服务的方式（这就是“削减生产成本”的意思）。萨伊解释了企业家在市场中的重要作用。企业家们经常被描绘成富有远见的天才，拥有非凡能力，能全面了解市场、技术、产品、品味、人群等。但是，萨伊认为，我们所有人（包括我们当中最为普通的人）都在进行着企业家的行为。

理解企业家精神（entrepreneurship）的途径之一，就是寻找以最少成本进行生产的方法，这种方法“释放”了稀缺资源以满足其他需求。在工厂中，以更少的时间完成同样产量的工人；合理安排农作物，以尽量减少耕耘时间的农民；注意顾客的下班时间，以便及时准备食物的餐馆老板；等等，这些人都在寻求如何以最小的成本来扩大生产。交换的安排也是一种生产方式，这使得人们获得了因为时空原因而原本无法得到的稀缺产品，并通过

[1] Jean-Baptiste Say, Catéchisme d'économie politique (Paris: Guillaumin et Cie, libraries, Sixième edition, 1881), p. 9. “Produire, c'est donner de la valeur aux choses en leur donnant de l'utilité.” 英文版本中没有这句话。

交易增加了双方的价值，这正是他们要进行交换的原因。[1]

“萨伊定律”和互利共赢

众所周知，萨伊市场定律是有助于理解经济发展的一个强有力的理论建构。在萨伊于 1803 年出版的著名的《政治经济学概论》（*Treatise on Political Economy*）一书中的“论市场”（on “Débouchés”）一章里，萨伊描述了“生产”是如何“创造了对产品的需求”，[2] 这也正如后来对这一思想的总结，这是因为“产品是与产品相交换”。“供给创造需求”的口号常被归于萨伊，这是对其洞见的一种讽刺和夸张。萨伊所描述的正是我们所见到的现象，世界变得日益繁荣，全世界的平均财富比起萨伊的时代增长了许多倍，贫穷已逐渐远离，同时穷人的健康、识字率、寿命和可获得的消费品都在增长。萨伊是最早理解全球日趋繁荣背后的机制的人之一，这种机制就是贸易伙伴之间财富增长的“滚雪球效应”。用当代纯经济学语言来说，这是一种“经济增长的部门间理论”（inter-sectoral theory of economic growth），根据这一

[1] 萨伊也解释了生产者与消费者和平竞争的重要性。市场竞争是由企业家创新驱动的过程；价格是指导市场参与者谋求获利机会的信号。市场竞争也是一个学习的过程，通过试错为消费者带来改良的新产品和其他好处。竞争的基本条件是进入的自由，因此萨伊强烈批评特权工会、政府特许权、皇家特许公司以及诸如此类的事物，它们限制了市场，制造了垄断。

[2] Say, Treatise, Book I, chap. 15, §. 3. http://www.econlib.org/library/Say/sayT15.html#Bk.I,Ch.XV.

理论，某一生产者/部门/国家的增长代表了对其他生产者/部门/国家的不断增长的市场或需求。当你考虑到这一点时，你会觉得这是件了不起的事。

如果交易者生产了更多的专业化产品，就为他人创造了更多的效用；而他人通过从事专业化的生产，也创造了更多的效用以便于交换。因为每个人都从别人那里买东西，所以每个人都有了更多的“购买力”。用法国另一位伟大的经济学家雅克·吕埃夫（Jacques Rueff）的话说：“每个人都因其为他人所创造的‘效用’而获得了更多的‘权利’，而更多的权利又能让每个人从他人那里得到更多的东西。”

在相互交换产品的情况下，互利共赢会累积。我通过向邻居提供更多效用而变得更富裕，邻居通过向我提供更多效用而变得更富裕。因为我变得更富裕了，我有能力从邻居那里买更多东西，从而他也会变得更加富裕。很显然，在小型或封闭的经济体中，劳动和生产的分工是受限的，但在更大的市场上，在众多的个人、职业和行业之间会产生更多的可能性。正如在萨伊之前，亚当·斯密就曾解释道：“劳动分工受限于市场的扩展程度。”[1] 萨伊补充道：“生产者的数量越大，他们产品越丰富，那么这些产品就会有更快、更多和更广泛的市场。”[2]

萨伊描述了产品交换的正和博弈。在自愿交换中，我的顾客

---

[1] Adam Smith, An Inquiry into the Nature and Causes of the Wealth of Nations (Indianapolis: Liberty Fund, 1979), Book I, Chap. 3, p. 31.

[2] Say, Treatise, Book I, chap. 15, §. 15.

日益富裕对我而言是个好消息。相反地，如果他们变穷了，这就根本不是好消息，而是坏消息。用萨伊的话说："一方面，某一商业部门的成功，提供了更加丰富的手段，从而为其他所有部门的产品打开了市场；另一方面，某一生产或商业部门的停滞，也会影响到其余所有部门。"[1]

萨伊解释道，经济发展是一种自我持续的机制，用现代的纯经济学术语而言，其基础是真正的"内生增长"。对劳动的专业化和分工水平而言至关重要的市场规模，又恰恰是依靠生产本身而内在化增长的。生产的产品更多，创造的购买力就会更多。购买力增强意味着更大的市场规模，从而又为更多的生产提供了机会。

发展的机制显然是增长和进化的，这就是为什么萨伊时代的法国人"在法国买卖的商品是在查理六世的糟糕统治下的5～6倍"。[2]劳动的分工和专业化提高了产业数量，并创造了新的工业部门（以及部门下的分支部门）。市场经济是持续运动的过程。

相比当时的经济学家同行，萨伊是个乐观主义者。他远没有被稀缺性的观念困扰，他强调人创造产品和财富的能力，他解释了这种生产正是他人也从事生产的前提条件。生产和交换是正和博弈。对萨伊而言，稀缺性将被企业家精神和服务战胜，将被交换和创新战胜。因此，萨伊曾与托马斯·马尔萨斯（Thomas

[1] Ibid., §. 9.

[2] Ibid., §. 4.

Malthus）有过争论，他不像马尔萨斯那样认为稀缺性是一种烦恼。萨伊致力于研究和理解促进繁荣的经济学，并反对马尔萨斯眼中的人类未来的阴暗前景。

萨伊被证明是正确的，而马尔萨斯被证明是错的。

萨伊定律在国际层面的应用

无论是否跨越国界，伤害邻居就是伤害自己："普遍的繁荣是每个人的利益所在……一个产业部门的成功会促进所有其他产业的成功。"[1] 实际上，在一国之内，我们很少发现人们不满其他城市或其他产业的繁荣。大多数人都知道，如果法国的农民致富了，对法国城里的工人来说是件好事，反之亦然。

收益的真正来源是城里人与乡下人互相交换，双方都有了资金，然后去买更多更好的产品，这也更充分地扩大了他们自己的生产：

> 一方面，被富饶乡村环绕的城市感受不到对大量富有顾客的需要；另一方面，一座临近的繁荣城市也增加了乡村产品的价值。将国家划分为农业国、工业国和商业国实在是无聊。因为一国人民在农业上的成功会刺激工商业的繁荣，而工商业的繁荣状况也会令农业受益。[2]

---

[1] Ibid., §. 16.

[2] Ibid., §. 17.

萨伊继续阐述了国家之间的关系和城市与乡村的关系没有什么不同：

一国与其邻国的关系，类似于国内一省与他省的关系，或乡村与城镇的关系。他处的繁荣对其有利，它必然会从这种富饶中获益。[1]

同样地，富裕的邻居意味着我们有机会销售更多的商品，我们自己也会变得更富有。

在对马尔萨斯的回应中，萨伊更为清楚地表达了自己的观点，解释了一位商人能从其他国家和地区的财富中获得多大的利益：

当我提出生产为生产开辟道路时，意思是，不管是什么产业，当其不受约束时，总是用于满足国家最急需的目标。而这些被满足的目标会立即产生新的人口，这些新增人口又需要新的享受，所有现象都符合我的判断。我们仅需回顾200年前，假设一位商人运了大量货物到了现在纽约和费城的所在地，他能把这些东西卖掉吗？假设他成功地在那里建立了一个农业或制造业的企业，他能在那里卖掉一件产品吗？毫无疑问，他不能。他只能自己把这些产品消费掉。但是，为什么我们现在看到的情况却相

[1] Ibid., §. 18.

反？为什么运到纽约或费城的货物，或在当地生产的货物，必定能以当前的价格卖掉？正是因为纽约或费城或邻近地区的农民、商人，甚至包括制造商生产或运来了一些产品，通过这种手段，他们就能购买从其他地区运来的商品。[1]

贸易壁垒（“保护主义”）是负和博弈

当时有很多人（正如今天的一些人）认为，我们不需要和外国人交易，所有的东西都应该在国内生产。萨伊对这种思想提出了深刻的批评：

或许有人会说：“对新国家可行的事，对老国家未必适用。在美国，还有空间留给新的生产者和消费者；但是在已经有太多生产者的国家，需要的只是增加消费者。”真正的消费者只能是那些同时也在从事生产的人，因为只有他们才能购买他人生产的东西；而那些不从事生产的消费者什么都买不了，除非他们利用那些生产者创造的价值。[2]

---

[1] Jean-Baptiste Say, Letters to Mr. Malthus, on Several Subjects of Political Economy, and on the Cause of the Stagnation of Commerce. To Which is added, A Catechism of Political Economy, or Familiar Conversations on the Manner in which Wealth is Produced, Distributed, and Consumed in Society, trans. John Richter (London: Sherwood, Neely, and Jones, 1821). Letter 1: http://oll.libertyfund.org/index.php?option=com_staticxt&staticfile=show.php%3Ftitle=1795&layout=html#chapter_99253.

[2] Say, Letters to Mr. Malthus, Letter 1.

萨伊描述了“保护主义”为何具有自我毁灭性：这就像“对家家户户征收大衣和鞋子的进口税，以实现迫使每家人都为自己生产大衣和鞋子的崇高目标”。[1] 以现在非常时髦的话说，他非常清楚国际价值链（international value chains）的重要作用。

有些人抱怨，某些国家遭遇“贸易逆差”，而另一些国家则是“贸易顺差”，甚至暗示，任何东西的“逆差”都是一件坏事。萨伊解释了“贸易平衡”的谬误，这是曾导致许多战争的重商主义思想的遗毒。“贸易战争”或“报复”仅仅是为了保护少数人的利益而实施的。这些人十分狡诈，让公众把他们的特殊利益与整个国家的利益混为一谈。

萨伊当时已经对今天我们所谓的“自由贸易协定”产生了警惕。他推崇的政策是单边自由贸易：一国对待外国应当像对待邻居和朋友一样。排他性的商业条约必然不平等地对待商业伙伴：赋予某国出口商以“特许权”（concessions），意味着拒绝对其他国家的进口商赋予这种“特许权”，而这就是冲突的一种根源。萨伊可能已经察觉到，这种条约没有发展出更多的贸易，只是产生了“贸易转移”（trade diversion），转移了那些没有参与这种条约的国家的贸易流。

萨伊警告过发放出口补贴存在危险。这些政策吸引了现在所谓的“裙带关系”或“寻租者”，他们为了自己的利益操纵法律。

---

[1] Say, Treatise, Book I, Chapter XVII, §. 55. http://www.econlib.org/ library/Say/sayT17.html#Bk.I,Ch.XVII.

在“裙带资本主义”（crony capitalism）这一概念被广泛理解之前，萨伊就已经是其批评者了。用另一位伟大的法国经济学家巴斯夏（Frédéric Bastiat）的话说，裙带主义不过是“共同掠夺”（mutual plunder）。

在自由贸易和和平方面，萨伊的敌人不是别人，正是拿破仑·波拿巴本人。作为《哲学旬刊》（*Décade Philosophique*）的编辑，萨伊起初支持拿破仑1799年的雾月政变，这次政变结束了法国大革命，并确立了执政宪制（Consulat constitution）。实际上，萨伊还曾被拿破仑委任为法案评议委员会（Tribunat）的成员，该委员会是执政府（Consulat）的四大机构之一。但是，1803年萨伊出版了《政治经济学概论》，当时拿破仑已经在1802年确定终身执政，他坚持要求萨伊重写关于“自由贸易”的章节，改为支持保护主义和政府干预。萨伊断然拒绝了拿破仑的要求。他正直的思想导致他被赶出了法案评议委员会，导致第二版《概论》遭到审查，也导致他被禁止从事记者职业。

在非常实际的层面上，拿破仑也同样成了萨伊的敌人。在萨伊被逐出了公共生活后，他决定创办一家纺纱厂。萨伊颇有企业家才能，他使用最新的水压纺纱机，将其雇员规模扩大到400人，对英国的对手厂商构成了严重挑战，但是拿破仑的保护政策于1812年毁掉了这家公司。萨伊和他厂里的工人直接体会到了糟糕理念的实际后果。

和平与繁荣

在1799年拿破仑远征埃及的战争中，萨伊失去了弟弟霍勒斯（Horace）——一位很有前途的知识分子。可能是因为在殖民战争中失去了弟弟，让萨伊理解了战争的全部代价。在稍后的《概论》版本中，萨伊严厉地批评了"破坏性的战争……比如拿破仑统治下的法国所发生的战争"。[1]

和平是经济发展的首要条件。人们在被屠杀或有被屠杀的威胁时，不会像和平时期那样投资或筹划未来。萨伊强调了限制政府掠夺的重要性。政府不仅在夺取产业或土地时侵犯了财产权，而且在其规定或限制某人财产的特定用途时，也同样侵犯了财产权。萨伊相信政府应当受到限制，并受规则制约（从而使行为合规），而"如果没有行为合规的政府，没有哪个国家有可能达到任何程度的富裕"。[2]

和平显然是不同国家间能共同致富的首要条件。战争破坏人类生活，消灭财富，制造饥荒，并浪费宝贵的资源。战争是负和博弈。政治经济学的任务之一就是展示战争的代价，证明和平的价值。如果问一位来自苏黎世的瑞士人或一位来自斯德哥尔摩的瑞典人，为什么他们的城市或国家富得不可思议？他们很可能会

---

[1] Say, Treatise, Book I, Chap 11, Note 7. http://www.econlib.org/ library/Say/sayT11.html#Bk.I,Ch.XI.

[2] Say, Treatise, Book I, chap. 14, §. 9. 这种暴力政府所造成的灾难是人们"从当权者贪婪的视线所及之处撤出他们的部分财产：他们只有什么都不做，才能避免被觊觎"。

回答："我们不曾陷入两次世界大战。"正如萨伊所言：

> 各国将得到教训，其实它们在相互厮杀中毫无便宜可占，它们肯定会遭受失败导致的所有灾难，而胜利的好处完全是幻想……所有的利益都归于统治者。一般来说，国民们将一无所得，当他们普遍理解这点之后，统治陆地或海洋将同样毫无吸引力。对于私人而言，有可能得到的最大好处就是完全自由的交往，如果没有和平，几乎谈不上享受这样的自由。自然状态会促进各国相互友好，如果各国政府决定打断这一进程，转向敌对，那么不管是对自己人还是敌人都同样不利。如果国民过于懦弱，而在这方面迎合其统治者极具破坏性的虚荣心和野心，我不知道这种非同寻常的荒谬蠢行，与仅为取悦野蛮主人而训练野兽互相撕咬决斗，有任何不同。[1]

和平与自由贸易相互促进，它们带来的不仅是经济的发展，更是真正的财富和人类的繁荣。

[1] Say, Treatise, Book III, chapter 6, §. 54. http://www.econlib.org/ library/Say/sayT39.html#Bk.III,Ch.VI.

4

一位商人关于和平的访谈——克里斯·鲁弗

汤姆·戈·帕尔默

Interview with a Businessman for Peace—Chris Rufer

和平让我们一起做生意，创造最大的共同价值。和平是自愿交换的前提条件，而自愿交换就是生意的全部内容。当我们的交往是基于自愿而非强制时，我们就可以了解客户和供应商的价值。而这些客户、供应商和相关人士是唯一真正知道自己价值的人。作为一名商人，我对市场信号做出反应，市场信号的形式就是价格，它告诉我什么才是重要的。我以数字（即价格）的方式得到这种信息，没有国籍、语言、种族或宗教等其他信息。这些是关于人类价值的信号。

商业与和平之间的关系是什么？是什么激励一位商人支持和平并反对对外干预？自由、自愿行为与和平有何关系？克里斯·鲁弗发明了世界领先的番茄处理机，他经营着基于农业加工、配送和服务的企业。他也是自我管理协会（Self-Management Institute）及和谐与繁荣基金会（Foundation for Harmony and Prosperity）的创始人。

帕尔默：克里斯，感谢您能抽出时间接受采访，就在今天，我其实已和您及您的公司做了些生意。我买了些番茄酱配薯条，而我的沙拉里也有些番茄。据我所知，这些番茄很可能是您的公司加工的。因此，市场以某种方式将我们和平地联系在一起，这便带来了我第一个热切关注的问题：为什么一位商人对和平这么感兴趣？

鲁弗：我认为，要从几方面来回答这个问题。和平让我们一起做生意，创造最大的共同价值。因此，与受到这样那样的强制去做事不同，我们能够回应各自的价值，我们真正的价值。和平是自愿交换的前提条件，而自愿交换就是生意的全部内容。当我们的交往是基于自愿而非强制时，我们就可以了解客户和供应商的价值。而这些客户、供应商和相关人士是唯一真正知道自己价值的人。作为一名商人，我对市场信号做出反应，市场信号的形式就是价格，它告诉我什么才是重要的。我以数字（即价格）的方式得到这种信息，没有附加国籍、语言、种族或宗教等其他信息。这些是关于人类价值的信号。

这就是市场和生意中最令人惊叹的事情之一。价格背后什么都没有：没有歧视，没有国籍，没有宗教。它们是其他人价值的总和，并以价格的形式呈现给我。价格以数字的形式体现，可以与其他数字相比较。我能够利用这些数字做出如何分配稀缺资源的决定。价格是以其他人愿意为此付出的代价的形式，告诉我资源的成本，价格有助于我更好地协调他人的价值。

帕尔默：您做国际贸易吗?

鲁弗：是的。实际上，我们有30%的产品在国际上销售。

帕尔默：卖给外国人?

鲁弗：是的，卖给外国人。但对我而言，他们都只是顾客。我不考虑国籍之类的事，除非各国政府插手。我们的产品有10%～20%是卖给加拿大人和墨西哥人，其余的销售则遍布全球。每个月我们都有来自四五十个国家的客户——日本、沙特阿拉伯、荷兰、英格兰、阿根廷，各国都有。包括的产品几乎是所有的番茄酱和番茄制品。

帕尔默：那么，您在所有这些销售中都赚到了钱吗?

鲁弗：对，当然，不然我们就不会做了。这表明我们为这个世界增加了价值，我们回应并满足了客户的价值。这还产生了另一种效果，与回应他人的价值相关。你可以把你销售给他人的产品，不管是销往国外或国内，都当作是一位致力于和平合作与尊重的使节。当你将他人看作客户时，你不会想要枪击或者伤害他们。与暴力和胁迫相比，贸易是如此美好的替代品。

帕尔默：有些人说国际贸易导致了环境的损害和破坏，而如果……

鲁弗：商人在自由市场中工作，这意味着他得尊重他人的财产权。商人是终极环保主义者。真正的环保主义者明白商品和原材料的成本，不管是石油、木材、橡胶或玻璃，或其他任何东西。而因价格和损益形成了会计账目，关于成本的信息就不仅是知识，而是有效的知识；它会改变行为。价格告知我们关于成本的知识，同时给予我们最小化成本的激励。我们不愿看见浪费，我们有激励确保不发生这样的事。关键是对他人权利的尊重，这就是财产权的含义；如果不尊重财产权，就会产生环境退化、污染、浪费和破坏。当财产权得到明确定义，并受到良好保护时，我们就必须考虑我们的选择对他人的影响。你知道，各国政府通常都不用考虑其行为对他人的影响，因为他们可以诉诸于强制，但我们无时无刻都必须考虑他人的价值和权利。我们生意的核心是自愿行动，我们不能也不会使用暴力让人们消费我们的产品，或进行生产，或为我们供货，他们完全都是自愿的。

帕尔默：您多次提到了自愿的行为。您认为您自己是自愿主义者（voluntaryist）或自由意志主义者（libertarian）或别的什么吗？

鲁弗：对我而言，这些说法都非常相似。从前的术语是“自由主义者”（liberal），但在美国这有时会导致严重的混淆，因为我们这里，“自由主义者”被认为是“保守主义者”（conservative）的反面。你可以说我是“古典自由主义者”（classical liberal），但是如果对这些术语理解正确的话，你也可以说我同意所有这一切——自由主义者、古典自由主义者、自愿主义者和自由意志主义者。对我来说重要的是，人们不受强制，我们能和平自愿地交往。

帕尔默：您持有这样的观点有多长时间了？是从何时开始的？

鲁弗：我父母不过问政治，而我小时候也很害羞。我觉得现在的我仍是如此。所以，我不参与辩论，我从不认为自己是个博学睿智的人。当时，我是加州大学洛杉矶分校（University of California at Los Angeles，UCLA）一年级新生，住在宿舍，并结识了许多年纪相仿的同学，其中的很多人都比我聪明得多。我第一次真正开始谈论政治正是在那时，而出于某种原因，我坚持这样的观点，即伤害他人是不对的。随着时间流逝，我只是完善了我的观点。这对我来说似乎只是常识。我可能受到了某些影响，但我不知道是受的什么影响。我记不起哪本特别的书或哪个人或什么说法让我有此信念。我只是喜欢观察，并试图去理解各种事物如何运作，要如何做才能使它们运作得更好。在加州大学洛杉矶分校，我的专业是经济学，汤姆·索维尔是劳动学教授，还有阿门·阿尔钦（Armen Alchian）和威廉·艾伦（William Allen）也是很了不起的老师。我记得我上的第一堂课是比尔·艾伦（Bill Allen）的经济学基础。因此，我认为我首先了解的是经济学。我开始理解，经济学对理解人们如何行动相当重要。

经济学是一门社会科学，如今很多人想把它变成数学的一个分支，但经济学不是。它是一门社会科学，研究人们如何相互协调。我从来都不知道有人在推进什么政治议程，当时我也从未听说过“自由意志主义者”（libertarian）这个词，但是我的确开始认真思考，人们如何协调他们的行动，以实现其价值。而过了一段时间后，我听说了自由意志主义（libertarianism），于是我说：“这就是我，这基本上就是我的想法。”这不是灵光一现。我是认为，人们应该能够和平生活，应该能够解决如何通过合作实现各自的价值。我只是后来才知道，我的信念已经有了一个名字。

帕尔默：那么，您是在大学学习经济学时，明白了自愿合作的原理。您是如何完成从学习到运用的转变的？这是怎么发生的？

鲁弗：我在蓝领家庭长大。但我祖父是个小商人，是个企业家。我记得我去过一处油田，他为这处油田的钻井投资了一点钱。他还有一两项专利，并在他家里举办过研讨会，因此他是个小小的发明家和企业家。我很小的时候就有他的记忆。大概在我12岁那年，他去世了。但我一直怀着那种想象，想象自己长大后也会是那样的。那时，我父亲通常是为我祖父工作。大概是在一处农场。当我是个小孩子的时候，我看到我爸爸开着拖拉机负责操作机械等事，而我祖父去银行做交易。我认为，这就是人生的道路，因为我觉得每个人都在这样做。这对我的生活产生了某种影响。我取得了经济学的学士学位和农业科学的硕士学位，后来又获得了 MBA（工商管理硕士）学位。我在加州大学洛杉矶分校的商学院完成学业后，甚至从没有参加面试去找工作。我只是搬到了加利福尼亚的戴维斯，并开始实践我的一些想法，那是我在开大卡车时的想法。所以，这一部分是我的天性，一部分是我的期望。

我其实是在大学里开始做生意的。我父亲资助了我 1 年 3 个月，此后我就得靠自己了，因为他再也负担不了了。我们没有进行过很多讨论，我只是完全接受了这个消息，然后就出去开始自己工作。我父亲一生中的大部分时间都在开卡车，所以我想我也可以开卡车。在他的一些朋友的帮助下，我有了把西红柿从一地运到另一地的想法。在大学二年级，或者三年级的时候，我租了一辆卡车和一组拖车，并在我父亲的营业执照下工作，之后，我找到了一份分运的工作，在夏天运送西红柿、桃子和诸如此类的东西。嗯，就这样过了 5 年，5 个夏天。

帕尔默：那就是你在上学时的事？

鲁弗：是的，这贯穿了我的学业，并让我开始接触到商业。当时是西红柿的生意，我作为一个卡车司机，去了农场和分级站，也到了加工厂去观察这种水果。于是，我有了些想法。“如果改进收获西红柿的方式，如果处理器改变了工厂里卸载西红柿的方式，并将分级站搬到合适的地方，这套系统将运作得更好，也可以节约大量被浪费的时间和精力。”我设想，“如果对这套系统做一点小小的改进，那我当个卡车司机就能真正赚大钱了。”因此，一切都演变为一个问题：“怎样才能做得更好？”我深入地调查其他人的业务，试图弄清楚要如何改善系统。于是，我设计了一套不同的系统，并将这套系统介绍给相关人士。我四处奔波，更多地研究加工行业，并有了设计不同的西红柿加工厂的想法。我开始推动这种想法，并花了5年时间来筹集资金，在更多的奔走后，我终于筹集到了足够的钱，终于到筹建工厂的时候了。我有3个大合伙人——我是最小的合伙人——我们建成了我们的第一家番茄酱加工厂。这家工厂的一些创新使我们的业务大获成功。现在，我是最小的合伙人，我不要工资，但我争取到了分享更大份额的利润。7年间，我让我的合伙人赚了很多钱，我也赚了很多钱，因此我们合作得很好。这就是在正确的时机做了正确的事。我向我的合伙人提出经营第二家工厂，但他们拒绝了，于是我们分道扬镳。然后，我自己出资建了另一家工厂，由此继续发展。

帕尔默：您致力于推广从您的业务经验中得出的哲学理念，您称之为“自我管理”（self-management）。您建立了一家自我管理协会，以促进资源合作和自我管理。您是如何创造出双赢的关系的？这样，如您在该协会主页上的某个视频中所说，人们的个人目标可与其商业目标共存，或为其商业目标提供支持，反之亦然？

鲁弗：自我管理对我而言非常简单。人们可以管理自己的个人生活，没有人会有一个生活老板。他们管理自己的生活，他们基于一个目标而管理自己的生活。我相信，每个人的生活目标就是得到幸福。不管他们是否明白，他们都在努力获取幸福。每个有机体都努力要兴旺发达。对于什么会使人幸福，人们有不同的看法。现在，要让人们在经营中一起自愿合作的关键是在企业中为每个人建立一个目标。

对于什么是有利于他们目的的事情，人类做的是主观判断，当他们交换东西、讨价还价时也正是如此。他们运用自己的主观判断，也运用自己所拥有的知识，而旁人常常没有这种知识。因此，他们用一些东西交换另一些东西。当人们开始使用货币时，这种交换比率就转变为了价格。货币是一种每个人都愿意接受的商品，因为他们知道别人也会接受。结果就是他们的主观判断转换成了价格，在市场经济中以数字形式表现的价格。各种价格都以同样的单位来计量表示，于是可以进行比较。这不是很酷吗？不需要有个中央计划者来协调与命令，这就是自由市场的美妙之处。我们通过自我管理，将市场经济中的自由、自我引导和优势带入公司。我们知道他人所不知道的有用的东西，市场让我们能在实现自己的主观目的时进行沟通。我们致力于将这样的原则融入公司，我们努力依靠自我引导运行，而不是等级制度。而这产生了更好的结果。

帕尔默：那么，您对冲突怎么看呢？冲突是不可避免的吗？冲突是永久性的吗？或者冲突有办法避免吗？您的经验是什么呢？

鲁弗：冲突不可避免，毫无疑问。如果没有冲突就没有经济学。资源是有限的，经济学研究的是如何分配有限的资源，因此就绝对会有冲突。问题是要如何最好地解决这些冲突，这些冲突可能会事关人类行动或资源的利用。有两种办法解决冲突：一种是可以进行讨论并自愿地达成协议；另一种是让一方针对另一方使用暴力来解决，即和平地解决或暴力解决。如果你能与愿意和平解决这些冲突的人工作，那么你就会赢，并且每个人都会赢。我寻找双赢的解决办法，这种办法让每个人都获益，因此便能创造和平、繁荣和幸福。

帕尔默：让我们转向更加政治化的问题。有些人说他们支持商业，另一些人说他们支持自由市场。在这二者之间有什么区别吗？

鲁弗：自由市场是自愿的行动。当人们谈到支持商业时，他们谈的可能是以一种短视的方式，也就是以牺牲他人的方式取胜。自愿的商业是在自由状况下的交易，是自由市场下的交易，任何公司或团体都不享有特别的好处。如果一个企业求助于政府，以政府为代理人获得它在自愿情况下得不到的东西，那这完全是不道德的，也是没有效益的。商业应该是自愿的、符合道德的经营，而不应该牺牲他人利益，通过政府强制得到好处或补贴。

不幸的是，有一种“好处市场”，也意味着是“受强制的市场”，我真是苦于这种情况。这就像我用你的枪对准别人，在得到我想要的东西后，你和我分享战利品。这种病叫作“裙带主义”，体现在政府利用权力偏袒某些群体，而牺牲他人的利益。治疗这种“裙带主义”的方法是自由市场——自由竞争，尊重每个人的权利，法律面前人人平等；而裙带政治就是政府机构使用暴力，这就像黑手党组织勒索一样，两者之间并没有真正的区别。

帕尔默：让我们回到和平的话题。您和亚洲人、拉美人和中东人做生意，您觉得生意与和平之间的关系是什么？商人应该支持和平吗？

鲁弗：当然。生意人应该以各种方式支持和平。第一是把和平融入到他们自己的个人价值之中。我谈论的是就企业自身而言，支持和平解决问题，不要求助政府来禁止竞争，或参与裙带政治。不要拿补贴，不要利用政府项目。尽可能远离强制性的角色，大体上来说，这意味着在企业经营中，要尽量远离政府机构。

第二是做出符合道德的决定，不进行贸易胁迫，不授予政府从事暴力或胁迫或压迫的工具。这点很重要。

第三是通过自愿交易促进各国之间的和平联系。贸易减少了发动战争的机会。各国人民彼此了解得越多，彼此通过贸易获得的收益越多，他们的政府发动战争的机会就越小，因为两国都会有更多的人民支持和平。贸易越多，A 国就对 B 国依赖越多，反之亦然。我知道有很多经济学家和政治学家对此进行研究，他们研究和平、商业和贸易。我也从我的生活和生意的经验中懂得这点。当顾客上门时，你不会想枪击他们。你想要欢迎他们进来，他们自己会得益，他们也让你和你的家人和同事受益。你可以从事贸易，也可以进行战斗。我非常推崇贸易，这是文明，这对大家都更好。可能那些只喜欢伤害别人的人除外，而我不是这种人。

帕尔默：您谈到做生意时要做出符合道德的决策，但是您在大多数电视剧中可以看到，商人就是讨厌鬼：他们不善良，他们不友好，他们不道德，他们的所作所为不过是压榨人民。这就是最流行的文化所描绘的商人形象。那么，道德是怎样融入商业的？

鲁弗：合作的基础之一就是友谊。如果没有友谊，你怎么和他人在生活中有效协调？你完全是一个人。友谊有很多形式：你有配偶，有知己，有一起打保龄球的朋友，等等。你也有生意上的朋友，你喜欢和朋友们在一起，因为他们对你很好，对你有所帮助。人们一般不希望身边的人是讨厌鬼，更不用说去伤害对方的身体或偷东西了。所以，除非你尊重他人，具有不伤害别人、不盗窃等价值观，否则你难以建立人际关系。当然，除此之外，人们也希望身边的人能令人愉快。

所以，如果你想做生意，想富有成效地做生意，想要把生意做大，你就有很强的动机与他人合作。我发现有两种方式让人们做你喜欢的事。第一，你鞭打他们，或用枪指着他们的头。我不知道谁喜欢被这样对待，因此人们试图逃离那些鞭打或枪击他们的人。第二，你尊重他们、尊重他们的权利。在自由市场里，人们可以选择和谁做生意。要想在生意上取得成功，你必须是一个受人尊重、声誉良好的人，否则人们不会想和你打交道。对此，我有很多可说的，但我不明白，那些看不到道德对于商业的重要性的人是怎么回事，他们好像完全不用脑子。

帕尔默：关于政府对外的军事干涉呢？您对此如何认为？

鲁弗：我认为可以从市场营销角度来理解。别人都喜欢什么？你能想象俄罗斯或者加拿大的军队在美国的城市行军吗？如果他们身着制服走过洛杉矶或丹佛市呢？或者拥有军事基地，并驾着军车驶过城镇呢？哇！这就是美国政府在全世界干的事。我们的政府滥用武力，这将败坏我们的声誉。如果这的确是出于保护国家独立，那么它就会受到人们的欢迎；但如果没有这样明确的事项，就很难看出我们的军事行动除了引发仇恨和不满之外，还有什么意义。

帕尔默：您是一位自由意志主义价值观的积极支持者。您如何努力创造一个更为自由、更为和平的世界？

鲁弗：无论我走到哪里，我都亲身倡导和平与自由的价值与原则。在我因生意往来而访问的每个国家，没有一次午餐会，没有一场会议，我不开展讨论怎样不依靠强制、不依靠暴力来组织社会，讨论我们能为此做些什么。我直言不讳。

帕尔默：商业领袖支持和平早有悠久传统。我想起了英国的理查德·科布顿（Richard Cobden）和约翰·布莱特（John Bright），他们都是伟大的商业创新者，也是伟大的和平领袖。美国的反帝同盟也有很多商人，他们反对美西战争，反对美国占领菲律宾和其他西班牙殖民地。您是否把自己看作商人支持和平传统的一部分?

鲁弗: 是的。我知道商人——不是与政府有关系的亲信,而是诚实的商人——是和平的使节。任何地方的自愿交换都是双赢的交易。不幸的是,有更多的人不懂得这一点。我记得有句老话:"如果商品无法跨境,军队就会跨境。"我赞成交换商品,而非子弹和导弹。20 世纪 60 年代,人们说:"做爱,不要作战。"这话不错,但我还想加上一句:"做爱,做生意,不要作战。"

帕尔默: 您对那些在考虑从学校毕业之后做什么的年轻人有何建议呢?无论他们是从高中还是从大学毕业,他们如何让世界变得更好?您建议他们进入商场还是进入政府机构?

鲁弗: 我当然建议他们进入商场,进入媒体,当记者或从事其他媒体工作。

帕尔默: 如果他们成了西红柿业务上的竞争对手呢?

鲁弗:(大笑)这挺好啊!如果你对和平感兴趣,这是件大好事。进入商场,从事国际贸易,这的确会让世界变得更好。如果任何人想来和我竞争,我很欢迎。我希望有更好的竞争对手让我时刻警惕,不敢懈怠。

帕尔默: 克里斯,感谢您在百忙中抽时间接受采访。

鲁弗: 不客气。

5

自由贸易的和平

埃里克·加兹克（Erik Gartzke）

The Free Trade Peace

相互依存如何起作用？最引人注目的描述之一出自诺贝尔经济学奖获得者托马斯·谢林（Thomas Schelling）。谢林以两个登山者作比，两人用绳子绑在一起攀登高山。由于相互捆绑一起，登山者命运与共，于是在行动上就变得相互依赖。又因为两个登山者要爬就得一起爬，要倒就会一起倒，所以每个人都会变得更加小心，更加谨慎行事，从而便产生了和平。

贸易和跨国投资如何减少战争的诱因？国与国之间的相互依存如何影响行动？和平、负责的民主政府和贸易之间的关系是什么？埃里克·加兹克（Erik Gartzke）是圣迭戈的加利福尼亚大学（University of California, San Diego）政治学副教授和埃塞克斯大学（University of Essex）政府学教授。他的研究集中于战争与和平的信息和机制的影响，其著作论述了贸易、网络战争、外交及相关主题。

一系列残酷且极具破坏性的欧洲战争在持续数十年后，于1648年结束。当时，欧洲各政府签订了《威斯特伐利亚和约》（*Peace of Westphalia*），正如后人所知，以该和约为基础，它们建立了一套制度，即欧洲各国对外平等享有主权，对内完全独立自治。但在经济联系跨越国界的世界里，这一传统正日益受到挑战。经济上互相依赖是两个或更多国家因贸易联系在一起的结果。标准的经济观点是，贸易创造价值。

因此，如政治学者们早就指出的那样，在任何互相冲突的国家之间，这种因贸易产生的价值实际起到了"人质"的作用。如果该"人质"具有相当的价值，而又受到了战争的威胁，那么主权国家就不再是完全独立自治的。由于贸易的好处很可能在战争中丧失，因此，遭受损失的共同预期可以起到阻止贸易伙伴之间的冲突的作用。说得更直白点，如果边境一边的人们在另一边有资产或有客户，他们就不太可能支持摧毁那些资产或贸易伙伴关系，而更有可能发出支持和平的声音。

贸易促进和平并阻止战争的另一个重要作用可能是，因为贸易的关系，那些依靠战斗而获得的商品的估价会下降，这也使占领军变得更加昂贵。如果贸易降低了商品的真实成本，并提高了劳动生产率，那么工人、企业和主权国家都会愿意将劳动力转移到生产型企业中，并远离战争。在下文中，我将在回顾一些背景资料后，详细研究这些过程。

转变

不需要有博士学位就可以知道，我们今天的世界与几代人以前的世界早已经绝然不同，更不用说回溯到 17 世纪时的情形了。尤其是，正如市场影响国内政治事务那样，在很多地方，市场也开始对世界事务发挥作用。起初市场的作用是缓慢渐进的，但最近几十年来的步伐正在加快，世界各国的领导人开始发现，各国及其人民都因复杂而广泛的经济网络结合在一起。图 1 是这种演变在全球贸易方面的简单示例（以 2000 年的真实美元衡量，单位为千亿美元）。

总体说来，这个世界也正变得更为繁荣。图 2 显示的是世界人均 GDP 的变化。为了便于跨时代的比较，我重新调整了价值，令 1821 年的人均收入为 1。这样也可以在不断增长的财富和有限政府和个人自由的发展趋势间做出比较。虽然全球民主化似

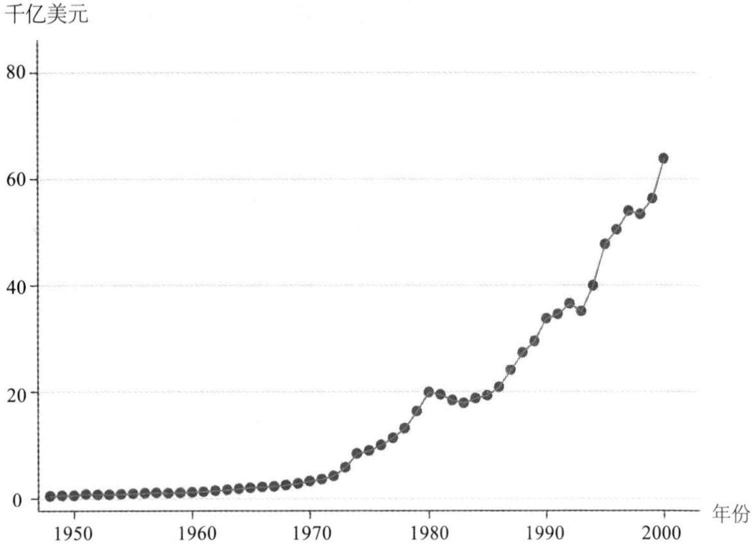

图 1　全世界的贸易总额度变化示例

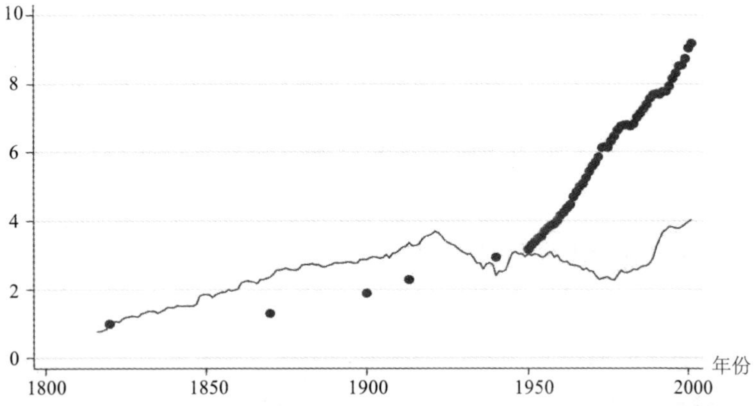

图 2　全世界人均 GDP（国家的民主化水平）变化示例

乎更不均匀（很大程度上是因为 1950 年之后，非殖民地化运动的国家越来越多），但也是上升趋势，该现象被认为是政治改革的“浪潮”。[1]10 表示国家民主化水平的最高，0 为最低。[2] 在此，政体或人均 GDP 都表示为世界年均水平。[3]

古典自由主义的政治经济学预见到了这 3 个变化，并推测了其后果。民主、贸易和经济发展在许多方面都改善了人类的状况。重点是，这些变化有没有阻碍对内使用政治暴力？阻止现存的威斯特伐利亚体系国家之间发动战争？这种阻碍因素是以何种方式来进行的？对于促进世界和平，贸易是一种别具吸引力的工具，但其影响也很复杂。它如何起作用？它做了什么来改变政治竞争与冲突？通过共同的商业联系而被绑在一起的国家，实际上是“被拉进”了和平关系。我的目标是尽力解释经济上互相依存的意义。

存疑的托马斯

相互依存如何起作用？最引人注目的描述之一出自诺贝尔经济学奖获得者托马斯 · 谢林（Thomas Schelling）。[4] 谢林以两个

---

[1] See, for example, Samuel P. Huntington. The Third Wave: Democratization in the Late Twentieth Century (Norman, OK: University of Oklahoma Press, 1991).

[2] 政体数据被极为广泛地运用于衡量民主体制。参见 Keith Jaggers and Ted Robert Gurr, “Transitions to Democracy: Tracking Democracy’s ‘Third Wave’ with the Polity III Data,” Journal of Peace Research 32(4), 1995:469–482.

[3] 图 1 所用的贸易数据由世界银行提供。图 2 来自于 Erik Gartzke 和 Alex Weisiger, “Under Construction: Development, Democracy, and Difference as Determinants of the Systemic Liberal Peace,” International Studies Quarterly 58(1) 2014: 130–145.

[4] Thomas C. Schelling, Arms and Influence (New Haven: Yale University Press, 1966), p. 99.

登山者作比，两人用绳子绑在一起攀登高山。由于两人相互捆绑一起，登山者命运与共，于是，他们在行动上就变得相互依赖。既然两个登山者要爬就得一起爬，要倒就会一起倒，所以每个人都会变得更加小心，更加谨慎行事，从而产生了和平的结果。

自由主义理论家运用互相依存的逻辑，以突出贸易的和平潜力。自 17 世纪以来，随着国际商务不规则但持续的增长，从孟德斯鸠、斯密、潘恩、康德、科布登、安吉尔和其他一连串的学者，到当代思想家罗斯克兰斯（Rosecrance）、拉西特（Russett）以及道尔（Doyle）等都强调了有利可图的跨境贸易实现和平的力量。[1] 如果有利可图的商业关系将之联系在一起，国家之间就不太可能进行战斗，因为战事会造成相当大的经济损失。

然而，值得注意的是，谢林对相互依存的兴趣其实不是源自贸易，而是源自完全不同的东西。在谢林的比喻中，将两名登山者绑在一起的绳子不是贸易，而是核战争的危险。冷战僵局集中体现于一种被形象地命名为“MAD”的现象，即确保相互毁灭（Mutual Assured Destruction，MAD）。核武器的出现

---

[1] Baron de Montesquieu, The Spirit of the Laws (Cambridge: Cambridge University Press, 1989[1748]); Adam Smith, An Inquiry into the Nature and Causes of the Wealth of Nations (Chicago: University of Chicago Press, 1976[1776]); Thomas Paine, Common Sense (New York: Penguin, 1986[1776]); Immanuel Kant, Perpetual Peace: A Philosophical Essay (New York: Garland, 1972[1795]); Richard Cobden, Political Writings (London: T. Fisher Unwin, 1903[1867]); Norman Angell, The Great Illusion (New York: Putnam, 1933). Richard Rosecrance, The Rise of the Trading State: Commerce and Conquest in the Modern World (New York: Basic Books, 1985); Bruce Russett, Grasping the Democratic Peace: Principles for a Post-Cold War World (Princeton: Princeton University Press, 1993); Michael Doyle, Ways of War and Peace: Realism, Liberalism and Socialism (New York: Norton, 1997).

和一场热战中相互毁灭的风险，确保美国和苏联都不敢轻举妄动，甚至没有一个国家能保护自己。就像那两个登山者是从利己者避免毁灭的欲望中演化出的合作和克制，而不是源于促进和平的利他主义目标。

与此同时，谢林举例的目的不是解释稳定性，而是为了解释在直接和公开的对抗似乎是不可想象的（或至少是非理性的）世界中，超级大国继续进行竞赛的方式。正如登山比喻中所阐明的，相互依存的束缚——无论是核武器还是经济——都能够阻止侵略。然而，即使核武器的相互束缚产生了一个不会爆发全面战争的世界，但也产生了充斥着边缘政策、强制外交、政治宣传和代理人冲突，以及其他形式的冲突激增的环境。双方都害怕出现不能达成协议的后果，不管这种害怕源自何处，都能迫使相互依存的各方妥协，而相互依存所产生的抑制作用也鼓励各方扮演“懦夫”的角色。

在贸易与核武器之间几乎没有共同之处，一种是我们努力促进的东西，而另一种则是人类需要根除的东西。然而，这两种过程都使得国家行为互相依存，它们在一些重要方面大体相同。两者都涉及“自私”的行为可能产生良性的社会后果，但这不同于斯密所发现的隐藏于市场机制背后的良性社会驱动力。

正如自由主义理论家们一直认为的那样，贸易数量的上升会创造更重要的“人质”，从而增加了支持和平的激励，如今存在的更高的相互依存度也可能会令各国认为战争过于昂贵。然而，贸易关系的价值通常远不如核战争的风险。如果各国愿意承担巨大损失而进行常规战争或核战争，那么贸易还能做什么来阻止战争浪潮？若此，经济上的相互依赖对促进和平的作用又会是什么？

和平之因

现在，世界历史上最值得关注的事件之一正在发生，其实这已经持续了颇长时间。实际上，在富裕繁荣的国家之间，冲突在很长的时期内已大大下降。和平已经来临，至少在世界某些地方已经来临。实际上，这种趋势微妙得让许多人忽略，甚至还有人似乎更愿意忽视好消息，而接受某些国家和族群仍然在某地战斗的证据。战争的下降趋势已被史蒂芬·平克（Steven Pinker）、乔舒亚·戈尔斯坦（Joshua Goldstein）和其他人广泛记载。[1]

战争的实际下降在欧洲尤为明显，这种趋势已有数百年之久。图 3“欧洲的冲突趋势”（Trend in Conflicts in Europe）是基于皮特·布莱克（Peter Brecke）所收集的证据。[2] 图 3 中每个小方块代表每 10 年的冲突数量（一个冲突至少有 32 起与冲突相关的死亡）。欧洲的冲突与时俱减，从 15 世纪的每 10 年平均 30 起下降到 20 世纪每 10 年大约 10 起。当然，如果数据存在各种

---

[1] Steven Pinker, The Better Angels of Our Nature: Why Violence Has Declined (New York: Viking Press, 2011); Joshua S. Goldstein, Winning the War on War: The Decline of Armed Conflict Worldwide (New York: Dutton, 2011)。全球范围内战争衰减的性质有更多的不确定性。现代性与和平之间的关系在发达国家之间最为紧密。

[2] Peter Brecke, “Violent Conflicts 1400 AD to the Present in Different Regions of the World.” Paper presented at the Annual Meetings of the Peace Science Society (International). Results for other regions (Africa, Asia, the Americas) are both shorter in duration and less definitive.

复杂多因的关系，那么在解释从该数据中得出的任何关系时，应当多加注意。例如，克劳迪奥·乔菲－雷维利亚（Claudio Cioffi-Revilla）曾经表示，就伤亡而言，冲突的强度趋势是与时俱增。[1]不过，目前的趋势似乎很清楚：在很长一段时间内，欧洲主权国家已转为远离冲突，并趋向以非暴力的方式解决彼此的分歧。

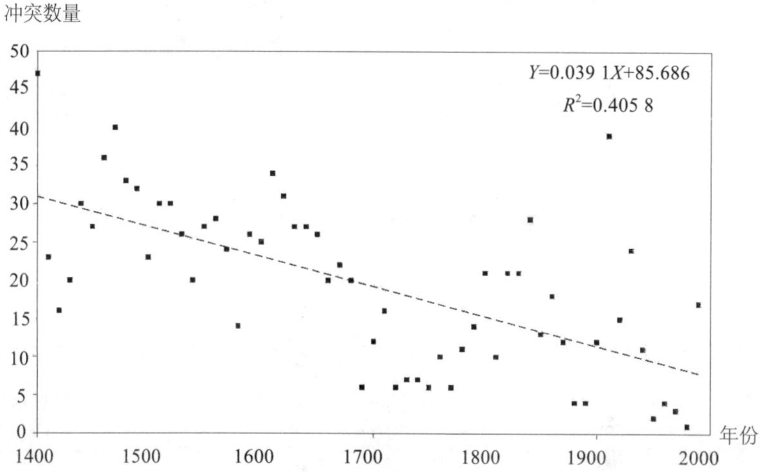

来源：皮特·布莱克（Peter Brecke），“从公元1400年至今，世界不同地区的暴力冲突”。

图 3 欧洲的冲突趋势

在全球层面上也有类似的趋势，不过可能较为不明显。图4展示了国家间军事争端（Militarized Interstate Disputes，MID）

[1] Cioffi-Revilla, Claudio. 2004. “The Next Record-Setting War in the Global Setting: A Long-Term Analysis.” Journal of the Washington Academy of Sciences 90(2): 61–93. 关于是否要对战争的强度通过人口进行加权处理，研究者中存在争议。总体而言，任何个人在战争中（包括国内战争或国家之间的战争）死亡的风险已经降低。

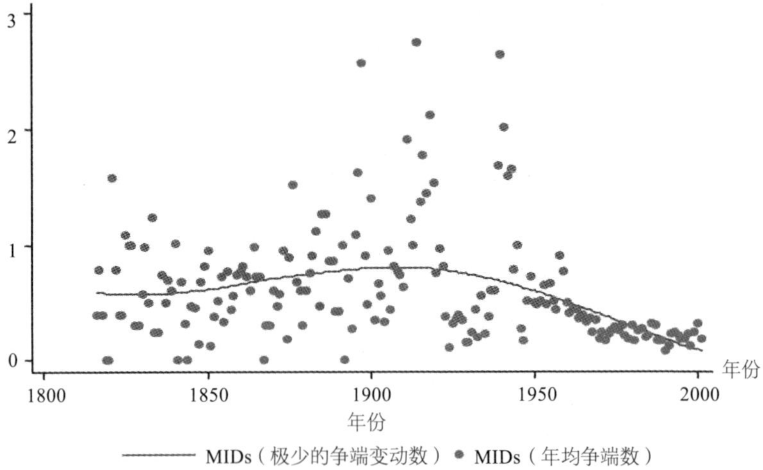

图 4　国家间军事冲突（MIDs）

的年度事件，这些事件小到威胁使用武力，大到一场偶然的战争。这些数据在全球层面上被加总，特定某一年系统内的 MIDs 则由参与国的对数而进行加权处理。虽然直到第二次世界大战结束以前都没有什么明确的趋势，但两次世界大战的后果似乎是军事争端趋于减少。世界同样正变得更为和平。

这种趋势要如何解释？有很多可能性。一些学者指出民主的兴起是国家间和平的重要因素。尽管有证据支持这一点，但将和平归因于和平的国内政治仍有问题。[1] 首先，在欧洲，民主的兴

[1] See Bruce Russett, Grasping the Democratic Peace: Principles for a Post-Cold War World (Princeton, NJ: Princeton University Press, 1993) and Michael Doyle, Ways of War and Peace: Realism, Liberalism, and Socialism (New York: Norton, 1997).

起远远晚于战争开始下降的趋势。民主兴起之前，民主不能产生和平。更进一步来讲，民主本身正是和平的产物。民主的必要条件是一个社会中的各个团体认为比起政治上的失败，将争端不断升级到暴力层面更不可取。斗争很可能通过政治制度的选择而缓和。但是，一个更简单但似乎同样有道理的说法是，政治制度的选择本身就取决于斗争的性质。如果斗争的内容非常重要而不能接受妥协，那么民主就很可能会失败。因此，民主的一个先决条件是，就那些将占上风的选择达成某种水平的共识或克制。如果在某个政治议题上的失败不值得诉诸国内暴力，那么对于精英和民众而言，通行规则和有限政府就有可能适用于国内制度。其中能够行得通的一种方法是让政治或“公共选择”（public choice）在分配资源或财产中少起作用。如果在政治斗争中的失败意味着失去你的房子、你的生意、你的自由，甚或你的生命，那么你很有可能继续政治斗争，如果必要的话，你会为取胜而使用暴力。相反，如果这类事情更多地通过市场或其他私人机制来处理，如果资源的分配不是由政治斗争的结果来决定的话，那么你可能不太愿意使用暴力以获取政治上的胜利。

在前现代社会，生产的手段大多是有形的，土地和劳动力可由主权者因其个人目的而侵占。生活富裕，甚至被允许活着，意味着国王的恩典。随着社会进步，财富的增加更多是由于知识和创造性思维能力的作用。虽然国王仍然可以选择赢家，但要提高社会生产效率，日益取决于那些在商业中机灵且高效的赢家，而市场恰恰可以最好地做出这种选择，而不依赖于国王。正是这种脱离政治的新型商业独立性，使主权者出于自身利益，为了其经济增长和社会（以及国家）繁荣，而限制他（偶尔是她）闯入市场。市民社会（civil society）和独立企业的发展，意味着财富的出现已不再是效忠国王和接近政权的结果；相反，安全可凭借发达的社会生产力获得，因为主权者不会干预或掠夺，财富也无须靠讨好统治者获得。[1] 现在，即使是国王和女王也理解到了会生金蛋的鹅的宝贵之处。

现代代议制民主可以说是我刚才介绍的这种过程的产物。现在比以往任何时候都需要政府规制市场［需要政府提供明确的规则和有效地执行规则（透明度）］并保证公共物品的提供，当然限制政府依然也是确保财富增长的必要条件，这意味着为了寻租而俘获政府（capture the state）获得的价值将减少。个人会为创造更多的产品和服务而投资，以在市场销售；而不是会在政治上投资，以争夺国家权力。进一步来说，如果不值得为俘获政府而在国内斗争，那在国际上也少有理由为了有形财产而大打出手。民主的兴起作为一个全球现象，很可能反映了欧洲和其他地方政治分配的重要性日益下降（这正是图 1 所反映的现象，但并非是该现象的解释）。

商业可从多方面抑制冲突。贸易有助于世界趋于和平，学术

---

[1] Douglas North and Robert Thomas, The Rise of the Western World (Cambridge: Cambridge University Press, 1973). Mancur Olson, "Dictatorship, Democracy, and Development," 1993. American Political Science Review 87(3):567–576.

界已广泛地建立了这一认识。[1] 然而，其确切的机制以及如何培育和传播这种机制仍然是有争议的问题。正如我所提到的，损失一些东西本身并不能阻止战斗，而且如果一方想要侵吞另一方的财产，这种损失还很可能会催发冲突。如果是零和竞争（我所得取决于你所失，反之亦然），仅谈损失常常会增加冲突，这正如在美国政治中的情况一样。既然政治本身就是一种斗争，那我们就必须研究，贸易（更普遍而言是商业）是如何将政治与和平联系在一起的？

“看不见的手”的和平

社会科学最伟大的洞见之一是亚当·斯密的认识，即每个人的行为都可能会产生意料之外的结果，而其后果的社会价值未必与行为人的主观意图一致。即使市场中的参与者只是为了提高自身福利而行动，市场对社区和国家也有良好的影响，类似的观点也可用于市场对和平的影响。仅仅是由于试图致富，企业、消费者、企业家，甚至国家都已改变了军事力量的用途，在某些情况下更会影响到军事力量的存在。因此，看不见的手更是一系列的手。市场使劳动变得昂贵，因此减少了使用劳动以夺取资本的吸引力。市场也促进了货物和服务通过和平的手段转移。最后，市

[1] See, for example, Bruce Russett and John R. Oneal, Triangulating Peace: Democracy, Interdependence, and International Organizations (New York: Norton, 2001).

场本身对冲突不能做出很好的反应，从而提供了抑制暴力的动机。

商业对冲突最有力的影响可能是改变了国家利益。市场的日益深入和一体化在过去的几百年间极大地增加了劳动和“人力资本”（如技能）的价值。[1] 昂贵的劳动和贬值的有形生产投入似乎已导致许多国家放弃了曾经的共同目标，即企图通过掠夺其他国家的资产“偷”来繁荣。当然，人们必须要当心无论是在国内还是国家之间，统治者及其关键支持者的狭隘利益可能会压倒公共利益，由此激励了掠夺。

古代帝国通过要求省份进贡（进贡大量粮食和其他商品）来获得繁荣。而维京海盗靠的是袭击船只，劫掠赃物。16 世纪，西班牙大帆船带回了靠奴役当地人民而开采和精炼出的银条。与此相反，后来的欧洲各帝国，又经常榨取他们自己国民的财富以补贴国外的冒险，而这些冒险只是对贵族后裔们有利。正如历史学家兰斯 · E. 达维斯（Lance E. Davis）和罗伯特 · A. 赫滕巴克（Robert A. Huttenback）的总结：“不列颠作为一个整体并没有从大英帝国获得经济上的好处，然而个人投资者却得到了好处。”[2] 可以说，殖民主义在现代的衰落促进了最繁荣和军力最强大的国家选择购买原料来生产，而不是通过日益昂贵的武装行动来抢占。现代国家不再像维京人、征服者和伊丽莎白女王的水手那

[1] 贸易会增加专业化，而专业化会导致更高的生产率及实际工资的增长。Hal Varian Microeconomic Analysis, 3rd ed. (New York: W. W. Norton 1992).

[2] Lance E. Davis and Robert A. Huttenback, with the assistance of Susan Gray Davis, Mammon and the Pursuit of Empire: The Economics of British Imperialism, abridged edition (Cambridge: Cambridge University Press, 1988), p. 267.

样，认为袭击邻居是有利可图之事。如果靠购买获得所需物品比掠夺邻居更为便宜时，那么以征服外国人来攫取资源和劳动成果便没有多少意义了。

颇有意思的是，虽然现代国家从掠夺中不能再得到多少好处——全球市场日益增长的流动性使之越发成为现实——但商业却增加了全球共有权益的好处，例如，暴力的总体发生率在降低。现代国家对其他国家的政治和政策兴趣更大，而非更小，这正是因为互相依存使他人的所作所为对自身的福利产生了更大的影响。越来越多的代表联合国或区域集团的国际部队正在部署，他们是作为维和力量以阻止或减少暴力冲突，而不是征服和掠夺的军队。和平可以来自强加的外部力量，这样商业便可以继续，至少当所涉及的国家力量脆弱，而地区性的政治进程涉及世界事务时正是如此。换句话说，最富有的国家之间的贸易确保了强大的国家拥有阻止其他国家参与斗争的动机，因为战斗危害整个贸易环境，而不仅仅是影响参战的国家，也因为强大的贸易受益者有激励去阻止因第三方之间的冲突而引起的贸易中断。

相互依存的世界所面临的挑战之一是其极为复杂。简单关系优势是易于理解，也似乎更容易通过有效的政策来处理。与此同时，复杂也可以是一个优点，因为这增加了可能的选项，提供了一系列更广泛的反应方式，包括更多的替代武力的方案。如果贸易能限制国家打仗，那么贸易就能带来和平，但这需要相当大的贸易关系。这种关系如此重要，它能像核武器那样起到遏制作用。同时，也要求问题或争端是适中的，正如西欧在第二次世界大战之后所发生的那样。如果贸易极为重要，而各国之间又没有太多争议，和平就将成为主流。贸易也可以知会争论各方，让各国通过外交谈判来化解分歧，而不是要求在不确定和难以驾驭的环境中使用武力以展示决心。最后，贸易最普遍的效果可能是，它改变了各国的客观利益，令人意识到掠夺的旧逻辑已越来越不合时宜，甚至连银行劫匪也需要购买日用品，而不是从当地商店里窃取。这仅仅是因为，如今已不值得花费太多精力去盗窃可以抢到的东西，也不值得花费太多精力去盗窃那些抢不到的东西。贸易的兴起促进了专业化分工，降低了掠夺的效率，增加了和平的益处。有良好的工作条件，才能吸引技术工人，这使得战争和征服成为反生产性的。渐渐地，现代化意味着我们选择了购买而非盗窃。

市场的力量将各国捆绑在一起，让世界变得相互依存，它塑造了国家的需求，使战争不再是实现国家目标的有效工具，正如领袖和人民都发现掌握政权对其生存已无关大局。同时，国家促进市场条件的作用也越发重要。各国不仅在国内，也在地区和国际中致力于促进贸易，增加相互依存度，这会在加强合作并进一步限制冲突的因果链中发挥作用。贸易不仅使人们试图多做好事，而且还改变了什么是好事的观念。如果我们能幸运地沿着这条道路继续前进，通向更广泛、更自由的贸易，那么贸易将会让军事力量更无用武之地。

6

帝国与战争的政治经济学

汤姆·戈·帕尔默

The Political Economy of Empire and War

不管是在1991年还是在2001年，都不值得为石油打仗。不管谁控制了石油，只有当他们将石油卖给其他人时，石油才对他们有好处。而美国的国家利益与谁拥有石油并没有关系，除非美国觊觎该国的财富。如果石油有问题的话，大豆更有问题，而这与我们是进口石油还是出口石油无关。我们有一个世界石油市场……因此不值得为石油打仗。

文明之间是否必有冲突？帝国主义或殖民主义是胜是败？谁是和平最伟大的支持者或殖民主义最大的对手？一定要有“石油战争”吗？谁来决定战争与和平的问题？谁会从中获益？

内有自由，外有和平。这就是全部计划。

——弗雷德里克·巴斯夏（Frédéric Bastiat）[1]（1849）

有些人是为了更好地打仗而研究战争。我们也可以从一个不同的角度来研究战争，从而避免战争，减少战争，阻止战争，消除战争。我们能够努力理解战争，这与研究天文、气象和疾病不同，而与研究其他类型的人类行为相同。有了这种理解，我们就可以对自己、邻居、朋友、家人和同胞们澄清那些似是而非的支持战争的理由中蕴含的谬误。此外，我们可以致力于建立和加强

[1] Frédéric Bastiat, “Peace and Freedom or the Republican Budget” (1849), in Frédéric Bastiat, The Collected Works of Frédéric Bastiat. Vol. 2: The Law, The State, and Other Political Writings, 1843–1850, Jacques de Guenin, General Editor, (Indianapolis: Liberty Fund, 2012), pp. 282–327, p. 191. Available online at http://oll.libertyfund.org/index.php?option=com_staticxt&staticfile=show.php%3Ftitle=2450&Itemid=28.

那些减少战争可能性的制度。如果我们能更好地理解相关问题，我们就能减少战争和暴力。毫不夸张地说，错误的信息和错误的理解都可能是致命的，而正确的信息和理解却能够救命。

在过去的几个世纪中，自由意志主义思想家们倾注了大量精力来理解战争发生的原因，并培育有利于和平的心态和制度。

和平不再只是乌托邦式的空想。历史记录显示，世界已变得更加和平。而经济学、社会学和心理学解释了变化的原因。可以说，以这种知识作为武器，我们就能让世界更加和平。我们能减少人类的暴力。同时，世界会更加和平、公正、繁荣和自由。

好消息：暴力正在衰落

不管你信不信——我知道大多数人不信，长期以来，暴力已经衰落，而现在我们可能生活在人类有史以来最和平的时期。

——史蒂文·平克（Steven Pinker）[1]

如果有人说暴力正在减少，大多数人会立刻否认。毕竟，新闻里还充斥着暴力故事，这些故事时常还伴着血淋淋的图像。强奸、谋杀和袭击是晚间新闻的主题，总之就是“流血就能上头条”（If it bleeds, it leads）。但是，我们需要后退一步，以便

[1] Steven Pinker, The Better Angels of Our Nature: A History of Violence and Humanity (London: Penguin Books, 2011), p. xix.

看到更加全面的画面。冲突，尤其是暴力的致命冲突，远比和平更吸引眼球。如果是和平自愿的互动，我们习惯于说“什么事都没发生”，但其实发生了很多事：人们去工作，农民去种庄稼，投资者为新公司融资，工厂里的工人组装有用的产品，有人购物，有人堕入爱河，情侣结婚，孩子出生，生日聚会，这就是生活。但是，这些事情却是太正常不过。在报纸的头条读不到“千百万人平静地干着他们自己的事”。对头条而言有价值的是那些不正常的事，这往往就是冲突，尤其是暴力冲突。事实上，越不常见的暴力越有可能上头条。我们欺骗自己，认为世界变得越来越暴力，而其实暴力在减少。

政治学家詹姆斯·佩尼（James Payne）和心理学家斯蒂芬·平克的记载值得关注。[1] 随机选择一个人，其遭受暴力侵犯的可能性在过去几千年中已经普遍下降。即使算上第一次世界大战和第二次世界大战、第三帝国、苏联和其他国家的的奴隶劳动营、“种族清洗”，以及其他过去一百年间种种难以言喻的恐怖的事情，人们在日常生活中所经历的暴力依然是持续下降的。这似乎不可能，但其实就是事实。因此，我们有足够的理由欢欣鼓舞，即使我们仍会为那些遭受暴力之人的命运而悲痛。好消息是这种经历越来越少，而且一直以来，在相当长的时间内在变得越来越少。

暴力（包括战争）不是人性中永恒不变的特征，其发生概

[1] James L. Payne, A History of Force: Exploring the worldwide movement against habits of coercion, bloodshed, and mayhem (Sandpoint, Idaho: Lytton Publishing Co., 2004), Steven Pinker, op. cit.

率会随着时间下降。我们并非注定承受在全世界总量恒定的暴力。暴力也有盈亏之变，长期以来，暴力就一直在减弱。社会学和政治学都可以帮助我们理解其原因。学者们已积累并检验了大量证据，证明过去的古典自由主义者正确地坚持：和平的关键在于自由，尤其是质疑和批评政府的自由，以及贸易、旅行和国外投资的自由。

文明之间或国家之间是否一定存在冲突

有一篇著名的论文认为，世界正面临“文明的冲突”。按照政治学家塞缪尔·亨廷顿（Samuel Huntington）的观点，“西方国家”正在衰落，除去其他因素外，正因为“西方国家”在军事上控制的面积已经缩小。在亨廷顿看来，文明之间的利益是不一致的，如果一种文明兴旺，那么另一种文明必将衰落。

亨廷顿在书中提出了许多有趣的洞见，但他对人类交互行为的政治经济学知之甚少。他对经济学把握不足，不理解自愿交易的重要性，而这是各个文明的共同特征，自愿交易可让彼此富裕。相反，他赞同社会是零和关系的观点。[1]

---

[1] 亨廷顿还显示了对“竞争”和“冲突”等概念令人不安的错误理解：“有趣的是，也许令人费解，美国人赞许美国社会中意见团体、政党、政府部门和公司之间的竞争。为什么美国人相信在他们自己的社会中的冲突是好事，而在不同社会之间的冲突就是坏事？这是个让人迷惑的问题，而就我所知，没有人认真研究过这一问题。”amuel Huntington, The Clash of Civilizations and the Remaking of World Order (New York: Simon & Schuster, 1997), p. 221. 似乎他没有想到，没人认真地研究这一思想困惑可能是有原因的。政府部门之间的“分权制衡”和公司为吸引消费者而竞争与“社会之间”的冲突大相径庭。

比如，以下是他衡量文明趋于“衰落”的主要方式之一：

> 1490 年，西方社会控制了除巴尔干之外的大部分欧洲半岛，占领了全球总陆地面积 5 250 万平方英里[1]（南极洲除外）中的 150 万平方英里。1920 年，在其领土拓张的巅峰时期，西方社会直接统治着大约 2 550 万平方英里的面积，接近半个地球。1993 年，其控制的领土已缩减了一半，大约只有 1 270 万平方英里。之后，西方社会又回到了原来的以欧洲为核心，这还得加上有欧洲移民广泛分布的北美、澳大利亚和新西兰的土地。相反，独立的伊斯兰社会的领土从 1920 年的 190 万平方英里上升到 1993 年的 1 100 万平方英里。人口控制也发生了类似的变化，1900 年，西方人口大约占全世界人口的 30%，而西方政府统治着大约 45% 的世界人口，1920 年统治着 48% 的世界人口。1993 年，除了帝国时代的少量地区人口，西方政府统治的只是西方人。[2]

这是衰落吗？我们仅考察其中一个欧洲国家的情形。1800—1942 年，荷兰王国一直统治着现在的印度尼西亚，直到该地区在 1942 年被日本帝国征服，荷兰政府回归，花了大约 5 年的时间努力重建荷兰的殖民统治。但是，他们失败了，印度尼西亚于 1950 年独立建国。

[1] 1 平方英里 =2.59 平方千米。——译者注

[2] Samuel Huntington, ibid., p. 84.

根据亨廷顿的论文，在这样的失败之后，人们当然预计，荷兰人的财富会缩水。是这样吗？以 1990 年美元的购买力为收入标准，荷兰 1950 年的人均 GDP 为 5 996 美元。[1]2010 年的人均 GDP（以 1990 年的美元的购买力计量）为 24 303 美元，增长了 305%。[2] 荷兰政府失去了荷属东印度群岛的殖民领地，这可不是荷兰人民的灾难。他们不用再派年轻人去打仗，不用再派一大群官僚去管理。现在，如果荷兰人想要印度尼西亚的东西，它只需购买，并不用在异国他乡的土地上抛洒鲜血和财富。事实证明，贸易对荷兰人和印度尼西亚人更有利，而不是帝国主义。印度尼西亚的人均 GDP（同样以 1990 年美元的购买力计量）从 1950 年的 817 美元到 2010 年的 4 722 美元，增长了 478%。[3]

实际上，一国的繁荣不一定意味着另一国的贫穷。你的贸易伙伴变得更加发达，对你来说是一件好事。正如经济学家让－巴蒂斯特·萨伊（Jean-Baptiste Say）在 1803 年的阐述（但很少有人听）：

[1] Angus Maddison, Contours of the World Economy, 1–2030 AD, Essays in Macro-Economic History (Oxford: Oxford University Press, 2007), Data from Table A7, p. 382.

[2] Jutta Bolt and Jan Luiten van Zanden, "The First Update of the Maddison Project: Re-Estimating Growth Before 1820," Maddison-Project Working Paper WP-4 (January 2013), available online at http://www.ggdc.net/maddison/maddison-project/publications/wp4.pdfa; database at http://www.ggdc.net/maddison/maddisonproject/data/mpd_2013-01.xlsx. In 2010 dollars the number was much larger, of course, thanks to the inflationary policies of the US Federal Reserve system. According to the World Bank (http://data.worldbank.org/indicator/NY.GNP.PCAP.CD/countries/NL--XS?display=graph), in 2010 dollars, Dutch per capita GDP stood at US$48,530.

[3] Bolt and van Zanden database. http://www.ggdc.net/maddison/maddison-project/data/mpd_2013-01.xlsx.

丰收令人高兴，不仅对从事农业的人，而且对所有必需品的销售商来说普遍都有好处。粮食收成越多，种庄稼的人购买的东西就越多。相反，歉收整体上损害了必需品的销售。制造业和商业的产品也是如此。某一商业部门的成功为其他所有部门的产品打开了市场。相反，某一生产或商业部门的停滞，也会影响到其余所有部门。[1]

得知中国、印度、巴西或加纳的人民日益富有，富裕国家里的经济民族主义者挥舞起了拳头。毕竟，如果穷人变富，必然意味着富人变穷。但是，这不仅是丑陋卑鄙的想法，其推理基础更是糟糕。如果中国或印度人变富裕了，加拿大人（德国人、丹麦人、美国人、日本人或其他任何国家的人）不该生气。如果他们之间有生意往来，这对他们会有好处，因为客户能为他们的产品支付更多。这同样适用于韩国人和肯尼亚人，弗吉尼亚人和佛蒙特人，农民和工人。

如果所有的经济交往都是零和交往，那么这意味着各国的利益绝对对立。倘若如此，冲突则不可避免，亨廷顿将是正确的，但是亨廷顿错了。[2]

---

[1] Jean-Baptiste Say, A Treatise on Political Economy, trans. by C. R. Prinsep and Clement C. Biddle (Philadelphia: Lippincott, Grambo & Co., 1855), Book I, Chapter XV, “Of the Demand or Market for Products,” available from http://www.econlib.org/library/Say/sayT15.html

[2] 这种零和的世界观也意味着根本不会有贸易，因为人们只会在他们期待获益时才会贸易，经济民族主义从头到尾都不合逻辑。

重商者的帝国主义会取胜吗

古往今来，虽有反对战争和帝国的寥寥之音，然而可悲的是，侵略他国、奴役当地人民、没收他们货物的行为从没有受到广泛的谴责。正是逐渐意识到基于尊重个人权利的贸易的好处，意识到不公正的暴力的害处，才为批评侵略提供了基础。毫不奇怪，出版了《道德情操论》（*The Theory of Moral Sentiments*）的道德哲学家亚当·斯密会在之后于1776年出版的《国富论》中谴责“愚蠢和不公”的欧洲殖民地。

愚蠢和不公似乎从建立这些殖民地的第一个项目起，就成了其主持和指导的原则。愚蠢在于追逐金山银矿，不公在于贪求他国的财产。而无害的当地人不但远未伤害欧洲人，最早的探险家们还盛赞过他们的善良好客。[1]

亚当·斯密认识到帝国主义“划不来”，至少对大多数人来说是这样的，帝国的全部成本远高于他们可能获得的任何利益之和。这位苏格兰道德哲学家和经济学家指出，除了导致不公外，这种军事冒险和帝国的成本对纳税人而言，也远高于所有可能的好处之和。

---

[1] Adam Smith, An Inquiry Into the Nature and Causes of the Wealth of Nations, ed. R. H. Campbell and A. S. Skinner, vol. II of the Glasgow Edition of the Works and Correspondence of Adam Smith(Indianapolis: Liberty Fund: 1981), IV: vii, “Of Colonies,” p. 588.

建立一个大帝国的唯一目的是培育一个顾客之国，使他们只能从我国生产者的店铺购买我国能供给的各种物品。我国的生产者由此种独占得到的好处仅是价格稍稍提高，而我国消费者却要负担全部费用，以维持这个帝国，保卫这个帝国。仅仅是为了这个目的，我国在最近两次战争中，花费超过2亿英镑，新增债务超过1.7亿英镑，至于前期各次战争用费，还不计算在内。单单这一项借款的利息，不仅大于独占殖民地贸易能得到的全部超常利润，而且也大于全部贸易价值，即大于每年平均输出到殖民地的全部货物价值。[1]

殖民主义和帝国主义，以及他们所参与的统治和征服之战，其实不是为了殖民宗主国人民的利益，不是为了那些纳税、供养军队，并承担帝国重负的人的利益。受益者包括战争中的承包商和供应商，管理者和总督等官僚，贸易垄断和盗取土地的受惠者，以及从事抢劫货物与强迫劳动的贩子。但是，相比强加于殖民宗主国苦难的纳税人和殖民地被征服的居民身上的损失，这些人的收益微乎其微。正如亚当·斯密所指出的，仅仅为供养军队而举债所需的利息就已大于涉及的交易价值。两者相加，这是个

[1] Adam Smith, An Inquiry Into the Nature and Causes of the Wealth of Nations, ed. R. H. Campbell and A. S. Skinner, vol. II of the Glasgow Edition of the Works and Correspondence of Adam Smith (Indianapolis: Liberty Fund: 1981). IV: viii, “Conclusion of the Mercantile System,” p. 661.

亏本生意。[1]

自由贸易商非常理解这一点。理查德·科布登（Richard Cobden）是英国国会的议员，也是欧洲历史上最杰出的最敢直言的自由贸易商之一。他在 1860 年尖锐地指出，如果有人只是打算补贴强大的特殊利益集团，那么就有花费更少、危害更小的方式来这么做。他因与法国谈成了自由贸易协定而享有盛誉，该协定有利于确保这两个传统对手之间的持久和平。在一篇抨击大英帝国蠢行的评论中，他以玩笑的口吻提出一种迥然不同，但破坏性更小、花费更少的方法，以便满足那些掠夺成性的相关集团。他提出，只需拿出战争费用中的一小部分钱送给那些发战争财的奸商，数额与他们从战争和帝国中可能获得的财富相等，这样也正好让社会中的其他人从战争和死亡中解脱，这样做的话，会好得多：

不幸的是，我们有一个阶层——最有影响力的阶层——从远方的那些战争中赚钱，从因担忧法国入侵而引发的那些国内恐慌中赚钱。没有这笔战争和军备的支出，你们贵族怎么过得下去？

[1] 斯密的同时代人杰里米·边沁在描述对外征服时甚至更加尖锐。他宣称，“以任何形式的征服所获得的利润都不过是抢劫，是以谋杀为手段的抢劫，是在可能的最大范围内实施的抢劫。战胜国的少数统治者犯下罪行，牺牲了战胜国和战败国的大多数人。而抢劫产生的军费，使战胜国的人民首先就成了受害者。”边沁认为，“所有这类统治权，都只是用压迫性权力为手段或工具，一切成功都掌握在征服国的当权者手中，而牺牲与代价却是战争双方国家中大多数人民的利益和幸福。”Jeremy Bentham, “In International Dealings, Justice and Beneficience,” in E. K. Bramsted and K. J. Melhuish, eds., Western Liberalism: A History in Documents from Locke to Croce (London: Longman, 1978), doc. 36, p. 353.

能想出一个少些花费和少些不人道的方式来供养这些贵族吗？当我和洛尔先生讨论减税时，谈到一些雇工少、资本薄的小企业主张高水平的贸易保护。我习惯性地建议他们，与其干涉国家贸易，以保护这些业主吃饭穿衣的微薄利益，还不如从无利可图的占领中撤出，从卢浮宫酒店中拿出一些漂亮的公寓给他们，再用国家的钱换以丰盛的野味和香槟让他们好好度过余生。我们贵族中的年轻人是不是没有考虑过这种妥协，以代替用所有方式中最昂贵的一种，即战争或备战，来供养他们？[1]

约翰·布莱特（John Bright）也是英国自由贸易运动的奠基者之一，他和科布登一样是一名反帝国主义议员。1858年，他将大英帝国及其战争比作是对富人的福利支付系统（院外救济，out door relief）：

不可能有精算师能算清楚英国的封建贵族们有多少财富、多少权力、多少霸权是来自于不光彩地刮分人民辛勤劳动的成果，这些东西都是以各种征税措施从他们身上压榨得来，并浪费在所有可想象到的政府多半负有罪责的犯罪行为中。越多地审视这个问题，你就越可能得出一个结论，那就是外交政策，这种对“欧洲自由”的重视，对“新教利益”的关注，对“权力平衡”的过

[1] John Morley, The Life of Richard Cobden (London: T. Fisher Unwiin, 1903). Chapter XXXIII.: miscellaneous correspondence, 1859–60—paris—return to England. Accessed from http://oll.libertyfund.org/title/1742/90559/2050419 on 2014-01-02.

度热爱，正是服务于大不列颠贵族的一个巨大的院外救济系统。[1]

比如，一些为军队提供服务的供应商，以及那些被派往担任殖民地官员或军官的“贵族的小儿子们”，以牺牲殖民地人民和大英帝国其他人民的利益为代价，最终成了获利者。但是，英国人民并没有获利。恰恰相反，在认真研究了大英帝国的支出、投资、税收和其他财务情况后，兰斯 · E. 戴维斯（Lance E. Davis）和罗伯特 · A. 赫滕巴克（Robert A. Huttenback）在其《贪财与帝国之追求：英帝国主义经济学》一书中得出的结论是：

不列颠作为整体，当然未从帝国中获得经济好处，反而个人投资者得到了好处。对于帝国本身，获益的水平取决于向谁问这个问题，以及怎样计算。对白种人定居点的殖民地来说，答案是明确的：他们付出很少，得到很多。而在当时，几乎可以肯定那些依附于英国的殖民帝国中的白种人定居者（商人们）也同样获得了好处。至于当地的土著居民，尽管他们的确得到了以批发价提供的政府限定的一篮子必需品的市场，但没有证据表明，即使他们能够讨价还价，如果他们有自由选择的权利，他们是否还会购买所提供的这些特定的必需品？[2]

---

[1] Selected Speeches of the Rt. Hon. John Bright M.P. On Public Questions, introduction by Joseph Sturge (London: J. M. Dent and Co.,1907), chapter XVI, Foreign Policy, Speech of October 29, 1858, Birmingham.

[2] Lance E. Davis and Robert A. Huttenback, with the assistance of Susan Gray Davis, Mammon and the Pursuit of Empire: The Economics of British Imperialism, abridged edition (Cambridge:Cambridge University Press, 1988), p. 267.

帝国主义虽然对一小部分人有好处（否则就没人追求它了），但是对殖民国全体人民而言，却没有任何经济上的好处。得益的是总人口中非常少的人，而他们所得比起他人所失则微不足道。许多人（既有左派也有右派）持有的无知假设——“若某人有所得，则另一人必有所失”，“若某人有所失，则另一人必有所得”，以及“得失总是平衡的”。这些假设都是错误的。

社会科学家所称的正和博弈（或大多数人所称的双赢交易）包围着我们，在这其中的交易双方都会获利。当顾客从商人那里购物时，顾客说“谢谢您”。相信零和世界的人应当为商人和顾客都说“谢谢您”而大感惊奇。一个人帮了另一个人的忙而没有遭受损失，一个人的收益与另一个人的损失并不平衡；相反，他们都有收益。收益之和不是为零，而是为正。这样的交易在我们身边到处都是，但是很少有人曾注意到正和自愿交易中的这种“双重感谢”。

然而，还有一种互动被称为负和博弈。在冲突的情况下，有可能不仅仅是一方损失，而且损失可能大于收益，甚至双方都有可能遭受损失。实际上，后者相当常见。需要明确的是，在负和博弈中可能有净获利者。比如，窃贼刺死了某人，拿走了他的钱财，窃贼可能得到了 10 美元，但受害者失去的不仅仅是 10 美元，更是他的生命。在此，一方将全部的损失强加于失败一方的身上，从而获得了少许收益，还有可能双方均有所失而无所得。例如，这名窃贼为窃取 10 美元而与被害者产生冲突，双方在打斗中同归于尽或是两败俱伤。

维京人曾袭击货船、抢劫财物。西班牙银色舰队[1]装载着由奴隶劳动开采的贵金属，从皇家殖民地运往西班牙，这至少让皇室发了财（虽然对整个国家而言，这被证明是灾难性的）。海盗对于在海上冒险航行的人来说，曾经是一种巨大威胁。然而，世界已经改变，过去两个世纪的国外军事冒险对殖民地人民的伤害，并没有为那些政府热衷于帝国主义冒险的国家的人民（作为一个整体）带来收益。当然有净得益者（如为军队供货的特殊利益集团），但其收益远小于损失，不仅对被殖民者或被占领者如此，对占领国的人民也同样如此。在全面战争的情况下，比如第一次世界大战和第二次世界大战，各方的损失更是惊人。第二次世界大战以后，欧洲和亚洲大部分都沦为一片废墟，两大洲的人民都得忍受食品限额甚至饥荒。是和平和商业，而不是战争，为战后的经济复苏提供了基础。[2]

无论是在法国、英国，还是在德国，帝国主义和海外军事冒险最坚定不移的反对者，都是最热忱的自由贸易者。诺贝尔和平奖的第一位得主弗雷德里克·帕西（Frédéric Passy）是一位杰出的自由贸易经济学家，他是法国国际仲裁组织（French Society

[1] Spanish Silver Fleet，也称为西班牙珍宝舰队。——译者注

[2] 经济历史学家罗伯特·希格斯（Robert Higgs）彻底批判了“战争将美国从大萧条中解救”的观点。参见 Robert Higgs in “Wartime Prosperity? A Reassessment of the U.S. Economy in the 1940s,” The Journal of Economic History, Vol. 52, No. 1 (March 1992), and “From Central Planning to the Market: The American Transition, 945–947, The Journal of Economic History, Vol. 59, No. 3 (September 1999), both reprinted in revised form in Robert Higgs, Depression, War, and Cold War: Studies in Political Economy (Oxford: Oxford University Press, 2006), Chap. 3, pp. 61–80 and pp. 101–123.

for International Arbitration）的创始人，也是理查德·科布登和约翰·布莱特的朋友与合作者，这位著名的和平活动家解释道：

尽管有太多的悲惨例外，但主流趋势仍然是和谐与普遍一致的规则，这在人类团结友爱的高尚理想中表达得淋漓尽致。这种运动的精髓是交换。没有交换，全人类便不再友爱，他们会反目成仇。通过交换，他们学会理解和关爱他人。他们的利益让彼此协调，而这种协调又能启迪他们。没有交换，每个人都固守一隅，与全宇宙疏离，这在某种意义上便落在了世界之外……禁止和限制（交换）的理论不仅宣扬隔离与荒废，更迫使人类陷入敌意和仇恨。[1]

帕西致力于促进贸易自由和建立国际仲裁机构，并以此为手段来增进和平、避免战争。

正如战争和帝国在欧洲遇到了批评者，美国的帝国野心和

[1] "Et ainsi prévaut, malgré trop de douloureuses exceptions, cette loi d'harmonie et d'entente universelle qu'exprime si bien l'idée sublime de l'unité, de la fraternité de la race humaine. Le resort de ce mouvement, c'est l'échange. Sans l'échange, les hommes et les peuples sont des frères égarés et devenus ennemis. Par l'échange, ils apprennent à se connaître et à s'aimer. Les intérêts les rapprochent, et le rapprochement les éclaire. Sans l'échange, chacun reste dans son coin, déshérité de l'univers entier, déchu un quelque sorte de la majeure partie de la création. Par l'échange, chacun retrouve ses titres en retrouvant ses biens, et rentre en partage de l'héritage inépuisable du père de famille. Non-seulement elle (la doctrine de la prohibition et de la restriction) leur prêche l'isolement et le dénûment, mais elle les condamne à l'hostilité, à la haine." Frédéric Passy, Leçons d'économie politique faites à Montpellier, 1860–1861 (Montpellier: Gras, 1861), p. 548.

计划也同样有人批判。商业领袖、作家和学者于1898年成立了反帝同盟（The Anti-Imperialist League）以反对美国的军事冒险。成员之一的耶鲁大学教授威廉·萨姆纳（William Graham Sumner）于1898年在其著名的文章《西班牙对美国的征服》（The Conquest of the United States by Spain）中论证，尽管美国在军事上打败了西班牙帝国，从西班牙手中夺取了关岛、波多黎各和菲律宾，但实际上，正是西班牙帝国的原则征服了美国。

正如萨姆纳总结他对帝国主义和战争的强烈谴责："我们已经在军事冲突中打败了西班牙，但在思想和政策的领域，我们正在屈服于它。扩张主义和帝国主义不过是关于国家发展的过时理念，正是这种理念把西班牙变成了现在的样子。这种理念吸引着民族主义的虚荣和贪婪。这些想法很诱人，尤其吻合最初的印象和最浅薄的判断，因此不可否认其有非常强大的人气。但这是妄想，这会导致我们毁灭，只有我们头脑足够清醒，才能抵挡这种妄想。"[1]

什么是"石油战争"（或争夺其他资源的战争）

今天，实际的殖民占领已经很少见（尽管还有实例），但经

[1] William Graham Sumner, "The Conquest of the United States by Spain" (1898) (Indianapolis: Liberty Fund, 2013). Accessed from http://oll.libertyfund.org/title/2485 on 2014-02-03. See also David T. Beito and Linda Royster Beito, "Gold Democrats and the Decline of Classical Liberalism, 1896–1900," The Independent Review, vol. IV, no. 4 (Spring 2000), pp. 555–575, available online at http://www.independent.org/pdf/tir/tir_04_4_beito.pdf.

常还是会听到许多国家的人说，使用武力发动战争或威胁发动战争，或以其他方式跨境使用政府权力，以推翻外国政府来保证资源供应是必要的。这是经济学家们驳斥了一次又一次的传统重商主义逻辑之翻版。政策制定者有时会认为，必须为了经济原因发动战争。在当今时代，他们认为，必须流血花钱来确保获得石油。1990 年，当时的美国国务卿詹姆斯·贝克（James Baker）就发动反对萨达姆·侯赛因统治的海湾战争。他在国会上谈及海湾战争“对我国经济的影响”：

> 这不是国内的加油站要不要涨价的问题，也不仅仅是科威特和伊拉克的石油流动的狭窄问题。这是一个事关独断专行、无人挑战的独裁者可能扼杀全球经济秩序的问题，命运将决定我们全体是否会陷入衰退，甚至可能陷入萧条的黑暗。[1]

亨利·基辛格稍早曾在洛杉矶时报撰文警告说，伊拉克的独裁者萨达姆·侯赛因“有能力引发一场全球经济危机”。[2] 在美国主导的第二次入侵伊拉克的战争中，获取石油的问题再次浮现。别的先不说，支持为石油打仗的那些人完全不懂基本的经济学。

威廉姆·尼斯坎南（William Niskanen）当时是加图研究所

---

[1] James Baker, “Confrontation in the Gulf: Excerpts from Baker Testimony on U.S. and Gulf”, New York Times, September 5, 1990, available at http://www.nytimes.com/1990/09/05/world/confrontation-in-the-gulf-excerpts-from-baker-testimony-onus-and-gulf.html.

[2] Henry Kissinger, “U.S. Has Crossed Its Mideast Rubicon—and Cannot Afford to Lose”, Los Angeles Times, August 19, 1990

主席，他曾是里根总统经济顾问委员会（Council of Economic Advisors）的成员，也是一名杰出的学院派经济学家，他在与中央情报局（CIA）前局长詹姆斯·伍尔西的一场公开辩论中谈到：

> 不管是在1991年还是在2001年，都不值得为石油打仗。不管谁控制了石油，只有当他们将石油卖给其他人时，石油才对他们有好处。而美国的国家利益与谁拥有石油并没有关系，除非是美国觊觎该国的财富。如果石油有问题的话，大豆更有问题，而这与我们是进口石油还是出口石油无关。石油在日本的价格和在英国一样，日本的石油全靠进口，而英国大部分石油能自给自足。我们有一个世界石油市场……因此不值得为石油打仗。1991年不值得，现在也不值得。[1]

尼斯坎南是对的。石油是一种基本商品，有国际价格。即使疯子般的独裁者也能意识到如果他们不出售石油，石油就没什么价值。事实上，美国公认的敌人（比如已故的委内瑞拉独裁者查韦斯）都明白这点，并将其国有石油公司的大部分产品都卖给美国买家。

但就算我们认为，石油或其他某种资源的流动可能会减少。那又如何呢？经济学告诉我们重要的两点：

---

[1] William Niskanen and James Woolsey, “Should the United States Go to War against Iraq?” public debate at the Cato Institute, December 13, 2001, available at http://www.c-span.org/video/?167840-1/WarAgainst.

（1）军队也很贵。实际上，军费几乎总是比政府减少供应而造成的任何福利损失都高得多。军事干预的鼓吹者假设军队不花钱，但并非如此。[1]

（2）市场参与者已经找到了应对供应减少的机制，尤其是价格机制。价格提供激励，从而将商品分配到互相竞争的各种用途中价值最高的用途中去（当价格上涨，我们对稀缺资源的使用将“经济化”）。涨价不仅提供保护资源的激励，也提供增加供给和转向替代品的激励（以石油为例，其替代品包括天然气、水电、太阳能和其他形式的能源）。依靠市场远比诉诸武力廉价得多。[2]

当然，重商主义的思想和不考虑军事干涉成本并非美国政府一家独有。类似政策已让苏联破产（每个新卫星国都加入到苏联帝国中，并为帝国武力带来了巨大的负担），还有某些国家，多年来一直为获取石油和其他基本商品而支付大量的额外费用。该政策对他们的纳税人而言代价高昂，因为国家付的钱不仅高于市场价格，而且还要补贴亏损的国有企业对这类资源的使用（还不

---

[1] 关于第一次海湾战争的问题，参见 David R. Henderson, “Do We Need to Go to War for Oil?”, Cato Institute Foreign Policy Briefing, October 24, 1990, available at http://object.cato.org/sites/cato.org/files/pubs/pdf/fpb004.pdf. Henderso 是总统经济顾问委员会（the Council of Economic Advisers）的前高级能源经济学家。他是美国海军研究生院（the Naval Postgraduate School）的经济学副教授。他计算了石油价格上升所产生的成本［假设萨达姆·侯赛因控制了伊拉克、科威特、沙特阿拉伯和阿联酋的石油，而导致实际供应下降（这非常不可能）］，他发现由此对美国经济产生的影响只相当于美国以军事介入来阻止涨价的成本的一小部分。美国在海湾地区投入武力在经济上毫无可取之处。

[2] See Eugene Gholz and Daryl G. Press, “Protecting ‘The Prize’: Oil and U.S. National Interest”, Security Studies, Vol. 19, No. 3 (Fall 2010), pp. 453–485.

包括对他国政治决策者的额外利诱）。[1]

许多年来，法国政府一直努力让法国的公司获得在西非的特权，这些特权牺牲了非洲消费者和法国纳税人的利益。法国政府通过保留CFA法郎［CFA在1945—1958年原指法属非洲殖民地（Colonies françaises d'Afrique），后指非洲法兰西共同体（Communauté française d'Afrique），而在法属殖民地独立之后指非洲金融共同体或西非货币联盟（Communauté Financière Africaine）］、外国援助（这是法国纳税人的负担，正如美国的外国援助是美国纳税人的负担，任何国家的外国援助都是它们纳税人的负担），以及驻军以时不时的军事干预为法国公司谋求利益。净获益者不是“法国人民”，而是受优待的利益集团，他们牺牲了其余的法国人民的利益而获得好处。因此，法国总统萨科齐悄悄地（被记者抓住）与

[1] 举个例子：美国企业研究所（American Enterprise Institute）的资深学者德里克·希瑟尔（Derek Scissors）从事中国对外投资的研究。他说，“中国公司在收购资产时，特别愿意慷慨解囊。‘他们出高价，因此相关公司就可以因政治因素达成交易’，而这也是因为他们有巨大的投资基金池，他们愿意花钱。一些产业分析家赞同中国买家在近期交易中可能付了高价的说法。今年早些时候，中国化工进出口公司（Sinochem）与先锋自然资源公司（Pioneer Natural Resources Co.）就得州二叠纪盆地（Permian Basin）的石油达成了一项交易，他们的价格比分析家们的预测高了40%。中国海洋石油总公司（CNOOC）向尼克森公司（Nexen）支付了61%的溢价，而中国石化（Sinopec）为石油开采商日光能源公司（Daylight Energy）支付了44%的溢价。”（“Chinese Energy Deals Focus on North America: State-Owned Firms Seek Secure Supplies, Advanced Technology,” by Russell Gold and Chester Dawson, Wall Street Journal, October 25, 2013”）政府不仅是在海外购买商品时支付更高的价格，而且在国内还为受优待的国有企业提供补贴。天则研究所的盛洪和赵农指出：“2001—2009年，国有企业少缴资源税达到2 437亿元。加上煤、天然气和其他资源，国有企业总计少缴了4 977亿元。” Hong Sheng and Nong Zhao, China's State-Owned Enterprises: Nature, Performance and Reform (Singapore: World Scientific Publishing Company, 2012) (Kindle Edition Locations 242–243).

多哥当选总统福雷·纳辛贝（他因法国的支持而当选）会谈时说道："如果你是法国的朋友，你就必须考虑法国的公司。"这一消息明白无误，让人能一窥现代裙带主义的世界。[1]

同样地，普京统治下的俄罗斯也通过攻击性的对外政策，为包括国有和私有在内的俄罗斯公司谋求好处。这些攻击性的对外政策包括入侵邻国，兼并领土，并创立"欧亚关税同盟"（Eurasian Customs Union）。其结果危害了俄罗斯的消费者和纳税人，但有利于克林姆林宫范围内的企业老板和管理者，特别是为日益专制的政权提供人力物力支持的"西罗维基"（siloviki）集团。[2]

自由交换是远比以任何形式运用国家权力更为优越的获取资源的方式。重商主义、帝国主义和军国主义仅仅只会利于少数特殊利益集团，却与公共利益相对立，它们都是失败的主张。

经济学谬误与国际关系

弗雷德里克·巴斯夏是自由与和平的最伟大支持者之一，也

---

[1] "'Quand on est ami de la France, il faut penser aux entreprises françaises,' aurait glissé M. Sarkozy, fin 2007, au président togolais Faure Gnassingbé (élu avec le soutien de la France) qui hésitait à concéder le port de Lomé au groupe Bolloré, selon Le Canard enchaîné." "La politique africaine de Nicolas Sarkozy tarde à rompre avec une certaine opacité", Le Monde, March 25, 2009, available at http://www.lemonde.fr/afrique/article/2009/03/25/la-politique-africaine-de-nicolas-sarkozy-tarde-a-rompre-avec-unecertaine-opacite_1172354_3212.html.

[2] "全球领先的独立贸易监测机构——世界贸易预警组织（Global Trade Alert, GTA）的研究表明：俄罗斯以及其关税同盟的伙伴国白俄罗斯和哈萨克斯坦，须为 2013 年第三次全球性的贸易保护措施负责。研究指出，俄罗斯在贸易保护措施方面引领世界。" Moscow Times, January 12, 2014.

是自由意志主义价值的最佳阐释者之一，他宣称自由意志主义政治经济学的主要任务是：阐明贸易是双赢，相反，战争却是双输。

我们的任务是与错误且危险的政治经济学体系做斗争。该体系认为一国人民的繁荣与另一国人民的繁荣不相容，这是把商业当作征服，把辛勤工作当作剥削统治。只要这种想法继续被人们接受，世界将永远不会有24小时的和平。甚至，和平会成为一种逻辑错乱的荒谬念头。[1]

那些已被彻底揭露批驳的理论，如“贸易平衡”理论——一国的出口越是大于进口，对其商业就越是有利——已经对世界造成了巨大的损害。[2] 摈弃欺骗性的教条不是意识形态的问

[1] “Notre mission est de combattre cette fausse et dangereuse économie politique qui fait considerer la prospérité d’un peuple comme incompatible avec la prosperité d’un autre people qui assimile le commerce à la conquête, le travail à la domination. Tant que ces idées subsisteront,jamais le monde ne pourra compter sur vingt-quatre heures de paix. Nous dirons plus, la paix serait une absurdité et une inconséquence.” Frédéric Bastiat – M. de Noailles a la Chambre des Pairs, 24 Janvier 1847, in Oeuvres Complètes de Frédéric Bastiat, Tome Deuxieme, Le Libre-Échange (Paris: Guillaumin et Cie., 1855), available at http://files.libertyfund.org/files/2343/Bastiat_Oeuvres_1561.02.pdf.

[2] Jean-Baptiste Say, A Treatise on Political Economy, trans. by C. R. Prinsep and Clement C. Biddle (Philadelphia: Lippincott, Grambo & Co., 1855), Book I, Chapter XVII, “Of the Effect of Government Regulations Intended to Influence Production”, available at http://oll.libertyfund.org/title/274/38004. 数百年前，经济学家们已认识到贸易平衡的观念是一种有害的谬误，但这种谬误仍然在不愿深入思考的人们之中大行其道。伟大的法国经济学家杜尔哥（Turgot），在1759年所著的关于他老师文森特（Vincent de Gournay）的文章“Éloge de Gournay”中批评重商主义政策，他写道：“忘掉了贸易运作不可能不是互惠的，想把所有东西卖给外国人，而不从他们那里买任何东西，这种愿望太荒谬。” “Portrait of a Minister of Commerce, Éloge de Gournay”, in W. Walker Stephens, ed., The Life & Writings of Turgot (1895; New York: Burt Franklin, 1971), p. 238.

题，而是合理的经济学的问题，与一个人对世界的其他看法无关。如贸易经济学家保罗·克鲁格曼（Paul Krugman）认为：

> 太多建言政策的知识分子想象国家之间的冲突是主流，这是一种幻觉。正是这种幻觉，可以摧毁双赢贸易的现实世界。[1]

经济民族主义者及其重商主义的建议之愚昧无知实在是令人震惊，他们坚持贫穷的发展中国家是发达国家的威胁，或发达国家是发展中国家的威胁（因为一方或另一方将同时得到外国净投资和贸易盈余[2]）。我们可以期盼，这种无知会在良好的经济学分析面前后退，而萨伊预言的那一天也不用太久就会到来：

> 这一天迟早会到来，那时人们会不解，为何要费尽力气揭露这个制度的愚蠢。这个制度如此幼稚，如此荒谬，却时常在刺刀的威胁下施行。[3]

---

[1] Paul Krugman, "The Illusion of Conflict in International Trade", in Paul Krugman, Pop Internationalism (Cambridge, Mass.: The MIT Press, 1998), p. 84. 该书中其他文章也值得一读，包括非常浅显易懂的。"What Do Undergraduates Need to Know About Trade", pp. 116–125.

[2] 如基本的会计恒等式"储蓄 – 投资 = 出口 – 进口"所示，这显然不可能。如果你的进口大于出口，你的投资就会大于储蓄，那么你就在进口资本；而如果你的出口大于进口，你的储蓄就会大于投资，那么你就在出口资本。关于国际贸易的彻底解决方案，以及国际贸易与和平的关系，参见 Onald J. Boudreaux, Globalization (Westport, CT: Greenwood Press, 2008)。

[3] Jean-Baptiste Say, A Treatise on Political Economy, Book I, Chapter XVII, "Of the Effect of Government Regulations Intended to Influence Production", available at http://oll.libertyfund.org/title/274/38004.

如果商品无法跨越国境，军队就会跨越国境

贸易自由和投资自由创造了国家之间的和平。这确实未让战争成为不可能，但确实减少了战争，而这是有价值的成就。古典自由主义者长期以来将和平与商业联系在一起。正如德国古典自由主义者约翰·普林斯－史密斯（John Prince-Smith）于1860年所论及的：

> 由贸易自由发展而来的国际间的利益交互，是阻止战争最有效的手段。如果我们进而能将每个外国人都当成好主顾，向他开枪的倾向就会大为减少。[1]

现在，我们能更好地理解到，不仅在和平和贸易自由之间存在很强的正相关关系，和平与贸易量之间更是存在强正相关关系。跨境货物越多，跨境投资越多，战争的可能性就越小。

1748年，法国哲学家和政治思想家孟德斯鸠在他影响深远的著作《论法的精神》（*The Spirit of the Laws*）中指出：

> 商业的自然效果是和平。互有贸易往来的两个国家变得相互依赖；如果一方有购买的利益，另一方就有销售的利益，而所有

[1] John Prince-Smith, "On the Significance of Freedom of Trade in World Politics", Address to the Third Congress of German Economists, Köln, 1860, in E. K. Bramsted and K. J. Melhuish, eds., Western Liberalism: A History in Documents from Locke to Croce, op. cit., pp. 357–359, p. 357.

的联合都是基于共同的需要。[1]

如所罗门·波洛契克（Solomon W. Polachek）和卡洛斯·赛格利（Carlos Seiglie）在考察了冲突之后得出的结论："互贸的国家之间合作更多，斗争更少。贸易量翻一番，争斗就减少20%。"[2]跨境贸易——尤其是跨境投资——让人们有了维持和平的利益。那些拥有更多的持续性的跨境贸易关系或投资的人，不太可能支持针对其客户或商业伙伴的战争。越多人的生计依赖于维持贸易，对和平的支持就越大，因为会有更多声音反对破坏那些有价值的关系。而跨境投资量越大，对和平的支持也就越大。道理很显然，那就是人们不愿看到自己的东西被轰炸、被毁灭。[3]

普遍的观点是，20世纪30年代愚蠢和毁灭性的"贸易保护主义"政策（比如提高贸易壁垒以"保护"现存的国内生产者），对大萧条和随之而来的世界大战有不可推卸的责任。[4]实际上，

[1] Montesquieu, The Spirit of the Laws, trans. Anne M. Cohler, Basia Carolyn Miller, and Harold Samuel Stone (1748; Cambridge: Cambridge University Press, 1989), Book 20, "On the laws in their relation to commerce, considered in its nature and its distinctions", Chapter 2, "On the spirit of commerce," p. 338.

[2] Carlos W. Polachek and Carlos Seiglie, "Trade, Peace and Democracy: An Analysis of Dyadic Dispute", Institute for the Study of Labor (IZA) Discussion Paper 2170 (June 2006), available at http://papers.ssrn.com/sol3/papers.cfm?abstract_id=915360##.

[3] See Erik Gartzke, Quan Li, and Charles Boehmer, "Investing in Peace: Economic Interdependence and International Conflict", International Organization, Vol. 55, No. 2 (Spring 2001), pp. 391–438.

[4] See Douglas A. Irwin, Peddling Protectionism: Smoot-Hawley and the Great Depression (Princeton: Princeton University Press, 2011).

1 028 名美国经济学家预见到了这种情况，他们签署请愿书，反对1930 年美国国会通过的对超过 2 万种进口商品施加的极端贸易限制。这打击了美国消费者（和美国出口商），激起了全球贸易保护主义的浪潮，加深并延长了欧洲和美国的大萧条，导致世界贸易崩溃，并为战争铺平了道路。这一请愿书的结语是："关税战争不能为世界的和平发展提供良好土壤。"[1] 结果证明正是如此。

在第二次世界大战的恐怖之后，美国总统杜鲁门在 1947 年评论道：

> 在此特别时刻，全世界正集中其主要思想和精力，致力于实现和平与自由的目标。而这与第三个目标息息相关——重建世界贸易。其实这三者——和平、自由和世界贸易——密不可分。过去的惨痛教训已证明了这一点。

在这次演讲中，杜鲁门总统指出："30 年代经济战争中的每一次战斗，都让不可避免的悲剧结果变得越来越明显。"[2]

一个古老的洞见

和平行为与贸易相关联的认识可谓源远流长。在《奥德赛》

[1] Available at http://econjwatch.org/articles/economists-againstsmoot-hawley.

[2] Harry S. Truman, "Address on Foreign Economic Policy, Delivered at Baylor University, March 6, 1947," Public Papers of the Presidents, Harry S. Truman 1947–53, available at http://trumanlibrary.org/publicpapers/index.php?pid=2193&st=&st1=.

（*The Odyssey*）的第9卷，古希腊诗人荷马将登陆他们岛屿的独眼巨人族（Cyclopeans）描绘为野人。他们缺乏文明的制度，尤其是缺乏慎思、法律和贸易。

> 他们没有召集议会的地方，也没有法律，
> 在那高高的山巅，他们住在拱形的大洞穴里——
> 每个人都有各自的法律，统治他的妻子和孩子，
> 他们对邻人的世界漠不关心。
> …………
> 独眼巨人们没有船头漆成深红色的大船，
> 没有工匠为他们打造精巧船舶，
> 以此扬帆远航，前往异国港口，
> 像大多数人类那样，漂洋过海，冒险通商。[1]

辩论、讨论、批判、贸易、旅行、投资和自由社会的其他因素确实没能让战争变得不可能，但它们的确让战争变得不太可能。它们限制和减少了野蛮的暴力。限于篇幅，难以尽述。

谁来决定

由统治精英发动的战争能以某种方式让该国被统治的人

---

[1] Homer, The Odyssey, trans. by Robert Fagles (New York: Penguin,1997), p. 215.

民受益，这种假设既幼稚又肤浅。对此，历史学家帕克·穆恩（Parker T. Moon）在他的著作《帝国主义与世界政治》（*Imperialism and World Politics*）中阐述得很清楚：

语言往往掩盖真相。我们通常认识不到，我们的眼睛会被语言的花招蒙蔽，而看不见国际关系的事实。当人们使用简单的单词“France”（法国）时，是把法国当成了一个整体，一个实体。为了避免笨拙的重复，我们用人称指代一个国家时——例如，当我们说“法国派她的军队去征服突尼斯”——我们不仅将该国视为整体，还认为它具有人格。正是这些字词隐瞒了事实，使国际关系成了一场人格化的国家在其中充当演员的刺激性大片，而我们太容易忘记，那些有血有肉的男人和女人才是真正的演员。如果我们没有“法国”这样的词，相反，我们不得不说——3 800万利益和信念非常多样化的男人、女人和孩子居住在21.8万平方英里的领土上，这会有多么大的不同！那么，我们就应当更为准确地描述突尼斯远征，比如可以是某种类似这样的方式：“这3 200万人中的少数几个人派另外3万人去征服突尼斯。”这种方式摆出了事实，并立刻暗示了这样一个问题，或者说一系列问题。谁是“少数几个人”？他们为什么要派3万人去突尼斯？而这些人为什么会服从派遣？

帝国不是由“国家”而是由人建立的。摆在我们面前的问题是发现这些人，发现活跃在每个国家中的利益相关的少数派，对帝国主义有直接利益的少数派，然后分析为什么需要大多数人做出牺牲，为扩张帝国主义的战争而战斗。[1]

“X 国与 Y 国开战”或“X 国派出军队入侵 Y 国”，这类说法充其量不过是对隐藏在战争之后的复杂行动的简化。实际上，是 X 国中的某群人做出了对其他人而言后果严重的选择，而严肃的社会科学家的任务就是要理解这些选择是如何做出的，为什么会做出这些选择，以及为什么其他人会遵循这些选择。战争是一种选择，至少对侵略者而言是如此。将某国中存在的所有人、所有利益及所有意见，全部汇入一个系统性的决策机构，这种企图不仅莫名其妙，更糟糕的是，这也掩盖了所有重要的政治学问题。然而，太多战争和冲突问题的评论家、分析家和理论家都采用这种方式。他们无法理解相关问题，因为他们是集体主义者，不仅道德上如此，而且在社会科学的方法上也是如此。他们认为，由数量巨大的多元化个人及其复杂关系（家庭、人际网络、政党、企业、宗教信仰，等等）所组成的一个国家是一个人，就像组成国家的那些个人那样。[2] 这样的思维是导致严重后果的草率思维。

---

[1] Parker T. Moon, Imperialism and World Politics (New York: The MacMillan Company, 1926), p. 58. 穆恩对在比属刚果发生的残酷剥削的描述很值得一读。这个利奥波德国王（King Leopold）口中的“自由国家”令当地土著蒙受了难以想象的苦难，它养肥了国王，而令比利时纳税人付出了代价。罗杰·凯塞门爵士的壮举应当被永远铭记，1904 年，他的《凯塞门报告》让比利时人民注意到了刚果所发生的恐怖罪行。不幸的是，凯塞门在因揭露刚果和巴西的这类罪行而成为公众英雄后，却因积极支持爱尔兰的独立而被比利时政府处以死刑。

[2] See Tom G. Palmer, “Myths of Individualism”, Cato Policy Report (September/October 1996), available at http://www.libertarianism.org/publications/essays/myths-individualism.

选择是人为的，而非必然发生。我们对激励做出反应，但我们也被观念驱动。愚蠢的观念为愚蠢的政策提供支持，而愚蠢的政策创造出不正当——甚至是极其危险的激励。

如果你希望和平，你必须为和平挺身而出。如果所处的情况是在为战争创造条件，那么它就应该被质疑。对于战争问题，绝不能有“犹豫不决”这种事，这是一个二元选择。如果你不支持战争，你就必须反对战争；在战争本身的问题上没有中间立场。战争引起的破坏，逝去的无辜生命，以及导致的浪费，创造了一种反对参战的非常非常高的推定标准。此外，如果你希望他人也支持和平，你就不能只是大声说支持和平，你还得与谬论作战，包括“文明的冲突”“经济的冲突”“保护主义”和零和的世界观，并积极支持那些能创造和平激励的制度，特别是贸易自由、旅行自由和投资自由，以及言论自由和评判政策自由的权利。

历史学家帕克·穆恩的挑战，即分析“为什么大多数人做出牺牲，要为扩张帝国主义所须的战争而战斗”，也是我们的挑战。如果我们理解了这些问题，就该为正确的事挺身而出——支持这种哲学、这种政治经济学、这种制度和政策，并努力实现一个自愿合作的和平世界。

7

慎对战争的美国启蒙运动

罗伯特·M. S. 麦克唐纳（Robert M. S. McDonald）

The American Enlightenment's Wariness of War

战争现在被广泛认为是最后手段——而不是第一手段——战争是对生命、自由和繁荣的威胁。对战争这种更为现代化的态度植根于启蒙运动时期，那是深刻反思人类之间关系的一段时期，其中包括对战争的重新评价。战争在一开始被当作一种负面的人类互动行为，对参战者或为之战斗的国家而言，都很难因此而高尚、文明或得益。

人们如何认识到，战争不是荣耀的庆典，不是第一选择，而是最后的手段？文官控制军队的原则是如何出现的？美国的启蒙运动在这一进程中扮演什么角色？谁是关键人物？罗伯特·M.S.麦克唐纳是美国军事学院（the United States Military Academy）历史学副教授，也是加图研究所（Cato Institute）的客座学者。他在学术期刊上广泛发表文章，并出版著作讨论美国建国时期的历史，他是研究托马斯·杰斐逊生平和思想的权威。

战争曾被认为是理所当然的，它被认为是生活中的正常部分，甚至是积极部分。实际上，人们庆祝战争——不仅是在遥远的过去，在不久以前也是如此。英国著名的政治家温斯顿·丘吉尔，因在第二次世界大战中毫无惧色地反对纳粹暴政而闻名于世，可他早先却吹嘘参加过“打击野蛮人的许多愉快的小战争”。正如他所说，“我们有组织地前进，逐村进行破坏，我们毁坏房屋，填满水井，引爆塔楼，砍伐树林，烧毁庄稼，并摧毁水库。”[1]

在第一次世界大战爆发时，人们兴高采烈地在欧洲各国的首都街头举行欢庆活动。他们为了国家的荣耀庆祝战争，也为了所

[1] Quoted in Johan Hari, “The Two Churchills”, review of Churchill’s Empire: The World That Made Him and the World He Made, by Richard Toye, New York Times, 12 August 2010.

谓的经济效益庆祝战争。战争将生产性资源制成武器和其他破坏性工具，以此来提供所谓的“刺激”。如果有人认为，迷信破窗谬论和破坏生活就能让经济繁荣，这都已经是过去的事了；那么想一想《纽约时报》的保罗·克鲁格曼（Paul Krugman），他还愚昧地希望外星人入侵来“刺激”美国经济。[1]

今天，虽然大多数人都知道，为了保护自己的国家或自身的权利免遭侵犯，可能必须要对敌作战，但是如果为了自己的利益而发起武装冲突则肯定不值得。战争现在被广泛认为是最后手段——而不是第一手段——战争是对生命、自由和繁荣的威胁。对战争这种更为现代的态度植根于启蒙运动时期，那是深刻反思人类之间关系的一段时期，其中包括对战争的重新评价。从那时起，战争开始被当作一种负面的人类互动行为，对参战者或为之战斗的国家而言，都很难因此而高尚、文明或得益。正如托马斯·杰斐逊在 1797 年所写：“我痛恨战争，我认为它是人类最大的祸害。”[2]

正如杰斐逊话中所暗示的，启蒙运动对战争的重新评价在推动了美国革命的那些思想家之中尤为深刻。他们为北美的英属殖民地而战斗，并创建了美利坚合众国。本杰明·富兰克林的名言“从没有过也不会有‘好战争’或‘坏和平’之类的

---

[1] Josh Sanburn, “Paul Krugman: An Alien Invasion Could Fix the Economy,” Time, 16 August 2011.

[2] Thomas Jefferson to Elbridge Gerry, 13 May 1797, in Julian P. Boyd, et al., eds., The Papers of Thomas Jefferson, 36 vols. to date (Princeton, N. J.: Princeton University Press, 1950), Vol. 29, p. 364.

事”，这对于轻微且短暂的挑衅而言，当然是正确的，[1] 甚至对于并非轻微且短暂的挑衅，即看起来战争是必不可少时也是正确的。美国的奠基者们明白，战争不仅可能促进自由，也可能将自由置于危险之中。为了保障自由和独立，武装冲突或许是必要的，但却可能产生有害的效果。詹姆斯·麦迪逊警告说：“战争可能是公众自由最可怕的敌人，因为它包含并培育着所有其他各种威胁的萌芽。”麦迪逊告诫，战争可能成为特殊利益者的工具。正是那些“军队的父母”，即那些靡费钱财的机构，大肆征税借债，与军队的沆瀣一气，构成了众所周知的“使多数人服从少数人统治的工具”。此外，在武装冲突时期，“行政机构的自由裁量权扩张，其分配公职、荣誉和薪酬的影响也被放大，而所有这些诱惑人心的手段，都被加以利用，从而达到控制武力，征服人民的目的”。[2] 既然战争能大大加强政府的权力，那么它也能够大大减少个体的自由。

然而，正如《独立宣言》所宣称的，政府的目的在于保障个人自由。著名的不证自明的真理是，“人人生而平等……享有不可剥夺的权利”，包括“对生命、自由和幸福的追求”。而以下重要的语句则较少被引用：

---

[1] Benjamin Franklin to Jonathan Shipley, 10 June 1782, in Leonard W. Labaree, et al., eds., The Papers of Benjamin Franklin, 40 vols. To date (New Haven, Conn.: Yale University Press, 1959–2011), Vol. 37, p. 457.

[2] James Madison, Political Observations, 20 April 1795, in William T. Hutchinson, et al., eds., The Papers of James Madison: Congressional Series, 17 vols. (Charlottesville, Va.: University Press of Virginia, 1962–91), Vol. 15, p. 518.

为了保障这些权利，才在人们之间建立政府，政府的正当权力来自被统治者的同意。任何形式的政府，只要破坏上述目的，人民就有权利改变或废除它，并建立新政府。新政府赖以奠基的原则，得以组织权力的方式，皆是为了最大可能地增进民众的安全和幸福。

换句话说，只要人民发现政府破坏了他们追求生命、自由和幸福等的权利，他们就可以推翻这个政府，并另立新政府以保护他们的“安全和幸福”[1]（杰斐逊和大陆会议根本没提到荣耀乃至经济刺激）。独立战争的中心悖论是，如何建设军事力量，既足够强大，能够打败大英帝国（当时全世界最强大的超级大国）的陆海军，或至少能与之进行长久的对抗，又不至于过于强大而威胁到美国革命为之奋斗的自由。正是这一难题产生了审视武力时的创造性张力，并在军队采取果断行动的能力和其向文官控制负责之间取得了一种平衡。

大陆会议的议员充分认识到如恺撒（Julius Caesar）和克伦威尔（Oliver Cromwell）那样用武力篡位的危险，并注意到塔西佗（Tacitus）这样的古典作家，以及约翰·特伦查德（John Trenchard）和托马斯·戈登（Thomas Gordon）这样的现代作家对人类与生俱来的权力欲望的警告，于是他们邀请维吉尼亚的代

---

[1] The Declaration of Independence as Adopted by Congress, 4 July 1776, in Boyd, et al., eds., The Papers of Thomas Jefferson, Vol. 1, p.429–430.

表乔治·华盛顿来领导大陆军（Continental Army）。虽然，华盛顿成为该职位的候选人有许多因素，但不容忽视的原因是，他是在对法国和印第安人的战争中获得军事经验后，作为下议院（殖民地弗吉利亚议会）的一介平民代表，不着军装度过了他大部分的成年生活。对于建立美国军方尊重文官领导人的传统而言，选择华盛顿颇有助益，因为华盛顿与文官们坦诚相见，并且从未质疑过他们的权威。[1]

假设大陆会议的成员预测到了华盛顿的作战方式，他对文官的默许似乎尤其值得赞赏。一开始，华盛顿似乎就明白，时间优势在新国家这一边。冲突拖得越长，英国自身所遭受的损害就越大，因为他们以严厉，甚至是残酷的方式对待平民，这让美国人民对他们离心离德。战争越久，也就越有可能削弱英国政府的意志。然而约翰·亚当斯（John Adams）急于避免旷日持久的流血，1777 年，他热情地表示："我要为一场短暂且激烈的战争干杯！"其他人对他表示赞同。当华盛顿领导的军队未能阻止英国人占领费城时，批评变得尤为尖锐。特别是在当大陆军中位居第二的统帅少将霍肖恩·盖茨（Horatio Gates）率领军队在萨拉托加获胜后，华盛顿在费城的失败就更为尴尬了。不过，随着时间流逝，华盛顿的谨慎和克制获得了赞赏，而他对大陆会议的文职

[1] Bernard Bailyn, The Ideological Origins of the American Revolution (Cambridge, Mass.: Harvard University Press, 1967), pp. 36, 48,61–65, 84, 112–119; Richard H. Kohn, Eagle and Sword: TheFederalists and the Creation of the Military Establishment in America, 1783–1802 (New York: The Free Press), pp. 1–13; Joseph J. Ellis, His Excellency: George Washington (New York: Alfred A. Knopf, 2004), pp. 68–72.

领导人的开诚布公和尊重也同样获得了赞誉。[1]

不是所有的大陆军军官都效法华盛顿。在一封 1782 年的信中，刘易斯 · 尼古拉（Lewis Nicola）上校向华盛顿转达了许多军官的意见，认为美国《邦联条例》(the Articles of Confederation)下的政府过于软弱无力，不能有效地支持军队。华盛顿对此也有同感，但他拒绝了尼古拉的观点，即某种可接受的补救措施或许是让华盛顿登基成为美国国王。他回信说，“实在是令人痛苦……这样的观念竟然在军队中流传。”军事力量应成为建政基础，而不是基于公众的同意和致力于保障人民权利来组织政府，这种观点令华盛顿和其他美国启蒙时期人物深恶痛绝。[2]

次年，对新共和国的文官领导的敌意再次出现，当时，有一封匿名信在驻扎于纽约纽堡附近的大陆军军官中流传。信中抱怨糟糕的工资、供应和养老金，呼吁政府如果不满足军官们的要求就要威胁国会。华盛顿得知情况后，召开了一次会议。在这次会议上，他的开场白极具戏剧性。华盛顿说了几句话后，展开了一封打算向参会者宣读的信件。令在场所有人震惊的是，他戴上了一副眼镜，这在当时被看作是软弱和年老的标志。“先生们，”他

---

[1] John Adams to Abigail Adams, 2 September 1777, in L. H. Butterfield, et al., eds., The Adams Family Correspondence, 9 vols. to date (Cambridge, Mass.: Harvard University Press, 1963), Vol. 2, p. 336;Charles Royster, A Revolutionary People at War: The Continental Army and American Character, 1775–1783 (Chapel Hill, N.C.:University of North Carolina Press, 1979), pp. 116–119, 179–189.

[2] George Washington to Lewis Nicola, 22 May 1782, in John C. Fitzpatrick, ed., The Writings of George Washington, 39 vols.(Washington, D.C.: U.S. Government Printing Office, 1931), Vol. 24, pp. 272–273; Ellis, His Excellency, pp. 138–139.

说道，“你们会允许我戴上眼镜，因为我不仅已经两鬓斑白，而且在为国效力的过程中也几乎失明了。”华盛顿现身说法阐释理想价值的这番话让军官们深受感动。他自始至终与大陆军一起战斗，他拒绝接受大陆会议支付的报酬，他的大衣上留下了弹孔。不管“纽堡阴谋”曾策划对美国政府的文官施加什么威胁，从此，这种威胁都烟消云散。[1]

人们常将华盛顿与辛西内斯塔（Cincinnatus）相提并论。辛西内斯塔是公元前5世纪的罗马武士和政治家，他在击败罗马的敌人后放弃了权力。战争结束后，华盛顿也辞去了他的委员职务，他很高兴能重回私人生活。1781年，在约克镇取胜后的几个月，他盼望着将战争抛在身后。他写道：“我的第一大愿望，是看到这个人类的瘟疫[2]被逐出地球；世界上的孩子们能够更快乐地玩耍，而不是在准备工具，并用这些工具毁灭人类。”他希望，如果欧洲不得不延续战争的传统，那么这也不能成为美国的传统，“不要为了领土而争执，世界上可怜的人、穷困的人、受压迫的人和想得到土地的人，可去往我们西部地区的肥沃平原，那是第二应许之地，让那里保持和平，以实现我们首要的伟大使命”。[3]

军官们即使在退役后，仍具有相当大的影响力。在1787年

[1] Kohn, Eagle and Sword, pp. 17–39; Ellis, His Excellency, pp. 141–146.

[2] 指战争。——译者注

[3] Garry Wills, Cincinnatus: George Washington and the Enlightenment (Garden City, N.Y.: Doubleday, 1984); George Washington to David Humphreys, 25 July 1785, in W. W. Abbot, et al., eds., The Papers of George Washington: Confederation Series, 6 vols. (Charlottesville, Va.: University of Virginia Press, 1992), Vol. 3, pp. 148–149.

支持用宪法替代联邦条例的民选官员和其他政治家的群体中，这些退役军官们的表现十分突出。华盛顿是那些倡议设立更集权的政府的人之一，他默许了麦迪逊的要求，即由他来主持制宪会议（Constitutional Convention）以增加其程序合法性，并向心有疑虑的美国人保证，新宪法不会有损自由。宪法赋予了中央政府重要的新权力，特别是在对外事务方面。联邦政府独立于各州，可以征税、募资，并有保留军队、对外宣战，以及批准条约的权力。这些权力分散于联邦政府的各个分支。比如，尽管新总统（似乎每个人都知道将是华盛顿）是总司令，但宣战的权力专门委托给了国会。虽然总统被授权与他国谈判条约，但只有参议院有权批准或拒绝条约，而众议院则负责必要的拨款以使条约能发挥作用。[1]

在华盛顿的总统任期内没有引发战争，但引发了许多关于外交政策的争论。英法两国陷入了似乎永无休止的冲突，这位总司令竭尽全力导向一条中立路线。联邦党人要将华盛顿拉向英国，而杰斐逊的共和党则将他拉向法国。华盛顿在他总统任期结束时的告别演说中敦促美国人要“培育全世界的和平与和谐”，并“对所有的国家恪守善意与正义”。华盛顿坚持美国是一个“自由、开明，且在不久以后将变得伟大的国度”，应该“为全人类树立这种全新的高尚民族榜样，始终由崇高的正义和仁爱所引

[1] Stuart Leibiger, Founding Friendship: George Washington, James Madison, and the Creation of the American Republic (Charlottesville, Va.: University Press of Virginia, 1999), pp. 58–95.

导”。他声称：“对特定国家根深蒂固的永久反感，以及对其他国家的热情附和都应该被排除；应该培育对所有国家的公正和友好的情感。”他问：“为什么我们竟还有可能做出这种愚蠢的选择，将我们的和平与繁荣陷入欧洲人的野心、竞争、利益、滑稽或任性的罗网之中呢？”[1]

继任的执政者们努力践行华盛顿的理想。杰斐逊在他 1801 年的就职演说中，誓言“平等且完全公正地对待所有人，无论他是哪国人，持有什么样的宗教或政治信仰”，以及要“与各国建立和平、通商与诚信友好的关系，不与任何国家结盟”。[2] 但是联邦政府并不总是持中立立场，甚至也不总是遵守宪法——特别是在国际局势动荡之时。在 1800 年的总统大选中，激怒杰斐逊支持者们的事件之一就是约翰·亚当斯总统于 1798 年签署的《惩治煽动叛乱法》(*Sedition Act*)，如果任何人“写作、印刷、发表或出版……任何对美国法律、美国国会和总统构成虚假、诽谤及恶意的批评言论”，根据这一法案，美国政府可将他处以最高长达两年的监禁，这一法案在美国与法国之间一场未经宣战的准战争中通过。该法案的支持者提出，这是强化美国应对国内外敌人的一

[1] Joseph J. Ellis, Founding Brothers: The Revolutionary Generation (New York: Alfred A. Knopf, 2001), pp. 120–122, 134–148; George Washington, Farewell Address, 19 September 1796, Founders Online, National Archives (http://founders.archives.gov/documents/Washington/99-01-02-00963, ver. 2013-12-27).

[2] Thomas Jefferson, First Inaugural Address, 4 March 1801, in Julian P. Boyd, et al., eds., The Papers of Thomas Jefferson, 36 vols. to date (Princeton, N. J.: Princeton University Press, 1950), Vol. 33, pp. 150.

种方式。亚当斯甚至可能用这个法案来安抚联邦党中强硬派，他力求避免强硬派期望的全面战争。杰斐逊和其他《惩治煽动叛乱法》的反对者认为，该法明显违反了宪法第一修正案，而仅仅在7年之前才被批准通过的宪法第一修正案保证："国会不得制定法律……剥夺言论自由或出版自由，或剥夺人民和平集会、向政府请愿申冤的权利。"[1]

一旦杰斐逊当选就职，他也就证明了自己有能力扩大或超越宪法赋予政府的权力，虽然都是为了减少了战争的可能性。1807—1809年，他对所有的国际贸易下了禁运令，这被认为是战争的替代品，并对英法两国施加"和平的胁迫"（peaceable coercion），这两国在拿破仑战争期间都对美国的中立贸易权构成了挑战。禁运令体现了对宪法第一条第八款所授予国会的权力"管制与外国的商业"一种非常宽泛的解释。杰斐逊甚至私下承认，1803年购买路易斯安那州违反了宪法，宪法并没有特别授予联邦政府为美利坚合众国增添领土的权力；但是，这一举措让美国的领土面积翻番，并且先发制人，阻止了一个欧洲强敌在其西部边境出现，由此杰斐逊认定这是减少战争可能性的必要手段——他担心法国所拥有的领土（特别是新奥尔良）会让它成为"我们长久的天然敌人"，并导致美国与"英国的舰队和政权联

[1] Ellis, Founding Brothers, pp. 190–193; U.S. Const. amend. I. See also James Morton Smith, Freedom's Fetters: The Alien and Sedition Laws and American Civil Liberties (Ithaca, N.Y.: Cornell University Press, 1956).

姻”，而损害美国的中立性。[1]

尽管杰斐逊致力于维持和平，但他的继任者麦迪逊总统发现当时的情况令武装冲突很难避免。1812 年的美英战争几乎给美国带来了灾难性的后果。美国不仅遭受了英国的侵略，而且国内的异议也不断，新英格兰地区被要求脱离联邦。不过，麦迪逊证明了自己在战时总统中几乎是独一无二的，因为即使面临这些威胁，他也没有采取行动永久性地扩张政府的权力，甚至也没有临时性地损害公民自由。[2] 因为麦迪逊明白，政府最基本的责任是：如果有必要，政府需要使用武力来保护美国人的自由免受威胁；然而，将这种权力赋予政府，也可能会使它有能力破坏其所要保护的自由。

麦迪逊和其他美国启蒙时期的杰出人物对这一难题所表现的敏锐认识，让人们理解为何美国的革命者明智地宣称更爱好和平而非战争，坚持宪政分权和其他限制，以及对领袖自我控制的赞赏。虽然他们绝非完美，对战争的戒备之心也绝非完全一致［比如，亚历山大·汉密尔顿（Alexander Hamilton）和艾伦·伯尔

---

[1] David N. Mayer, The Constitutional Thought of Thomas Jefferson (Charlottesville, Va.: University Press of Virginia, 1994), pp. 215–218, 244–251; Drew R. McCoy, The Elusive Republic: Political Economy in Jeffersonian America (Ithaca, N.Y.: Cornell University Press, 1980), pp. 195–210; Jefferson to Robert R. Livingston, 18 April 1802, in Merrill D. Peterson, ed., Thomas Jefferson: Writings (New York: Library of America, 1984), pp. 1105.

[2] Ralph Ketcham, James Madison: A Biography (New York: Macmillan,1971), pp. 585–586; Benjamin Wittes and Ritika Singh, “James Madison, Presidential Power, and Civil Liberties in the War of 1812”, in Pietro S. Nivola and Peter J. Kastor, eds., What So Proudly We Hailed: Essays on the Contemporary Meaning of the War of 1812 (Washington, D.C.: Brookings Institution Press, 2012), pp. 97–121.

（Aaron Burr）对使用武力就持相当传统的态度]，但是从整体而言，这些在美国独立运动中涌现的杰出人物，努力避免国际纷争，让战争走下了“神坛”，并将军方置于文官控制之下，从而颠覆了由来已久的传统。他们将自己的新国家设想为“自由的帝国”，其扩张领土的能力是通过白人定居者的同意，是通过他们请求纳入自由平等各州组成的自愿联邦[3]（政治领袖经常忽视原住民的财产权，很少征求他们的意见）。正如亚当·斯密、大卫·休谟、孟德斯鸠，以及被称为重农主义的法国思想家们那样，[4] 美国革命者更多地渴求自由交换而非征服，他们相信自由交换不仅能促进繁荣，更能促进人类的知识、文明和友爱。在《常识》（*Common Sense*）一书中，托马斯·潘恩（Thomas Paine）写道：“我们的计划就是商业，致力于商业将确保我们与全欧洲的和平与友谊。”随后发生的事件或许减少了潘恩的理想，但对于拿起武器历尽艰辛以保障独立的这代人来说，只有失去自由的前景才可能减少他们对战争的厌恶。杰斐逊在 1786 年写道：“我们政府所能拥有的最强军队，便是人民的好感。”[5]

---

[3] Jefferson to Madison, 27 April 1809, in J. Jefferson Looney, ed., The Papers of Thomas Jefferson: Retirement Series, 7 vols. to date (Princeton, N.J.: Princeton University Press, 2004–), Vol. 1, p. 169; Peter S. Onuf, Jefferson' s Empire: The Language of American Nationhood (Charlottesville, Va.: University of Virginia Press, 2000), pp. 53–79.

[4] “physiocrat”（重农主义者）这一术语源自于希腊，意为“自然规则”。这一学派的思想家相信社会是根据可知的原则自动调节的，而不是由明君来指导。

[5] McCoy, The Elusive Republic, 86–100; Thomas Paine, Common Sense, 1776, in Philip S. Foner, ed., The Complete Writings of Thomas Paine, 2 vols. (New York: Citadel Press, 1945), 1:20; Jefferson to William Carmichael, 26 December 1786, in Boyd, et al., eds., The Papers of Thomas Jefferson, 10:634.

美国启蒙时期的人物成就了伟业。他们将军事力量纳在文官权威之下，他们为战争设置了思想上、道德上、法律上和政治上的障碍。每个美国历史学者都清楚地知道，他们在此领域的成就和其他许多领域中一样，既不完整也不完美。然而，从“人人生而平等”的观念，到言论自由和出版自由，再到文官控制军队的实践（这颠覆了军队控制文官的传统），他们的确发展出了一种改变了世界的原则标准。虽然人与人之间在法律上的深刻不平等依然存在，新闻审查，甚至军政府也同样存在，但是美国启蒙运动提出的道德和政治标准已经经受了考验。革命者所设立的反对战争蠢行的保障措施，诚如他们所担心的那样，已在他们所建立的共和国中遭到了侵蚀。之后，美国的许多历史展示了战争的力量，战争将权力集中在行政机关，这牺牲了立法机关，也增加了决策的神秘性，限制了公民自由，还增加了债务和税收。但是，尽管这些保障措施在今日正被削弱至此，但它们依然存在，并依然为自由、有限政府与和平提供复兴、回归和发展的希望。

8

当今战争充当政策工具之重要性的衰落

贾斯汀·洛根（Justin Logan）

War's Declining Significance as a Policy Tool in the Contemporary Age

过去那种大国之间的战争不再那么有吸引力，甚至对最爱冒险的领导人也是如此。像核武器这类的军事技术在很多情况下都将征服变成了自杀性的主张。在非军事方面，如民族主义和其他形式的身份政治，令被征服的人民更难被控制和同化。在经济方面，比如供应链的横向整合和跨境贸易的增加，则大大降低了战争的预期经济收益。

战争是否能达成其所声称的目标？现代世界中，战争的面貌有什么变化？物质利益和意识形态在推进战争中各自扮演着什么角色？贾斯汀·洛根是加图研究所研究外交政策的主任。他在《外交政策》(*Foreign Policy*)、《外交事务杂志》(*Foreign Service Journal*)、《奥比斯》(*Orbis*)以及《哈佛国际评论》(*Harvard International Review*)等期刊上撰写关于外交事务的文章，并定期在广播媒体上讨论和解释国际关系。

如果你回顾朝鲜战争就能发现，在我们曾以武力介入的重大冲突中，只有在极少数情况下，其结果能被我们视为胜利，如第二次世界大战或1991年第一次海湾战争那样明确的胜利。

——罗伯特·盖茨（Robert Gates）[1]

现代世界由战争塑造。民族国家、全球经济以及国际体系形成的部分原因都与战争相关。[2]尽管战争这一因素曾如此重要，但是正如史蒂芬·平克（Steven Pinker）、詹姆斯·佩恩（James

[1] Robert Gates, discussion on Meet the Press, January 19, 2014. Transcript at http://www.nbcnews.com/id/54117257/ns/meet_the_press-transcripts/t/january-dianne-feinstein-mike-rogersalexis-ohanian-john-wisniewski-rudy-giuliani-robert-gates-newtgingrich-andrea-mitchell-harold-ford-jr-nia-malika-henderson/#.UxdBE1OGfKc.

[2] Charles Tilly, Coercion, Capital, and European States, AD 990–1992 (Cambridge, MA: Blackwell, 1990).

Payne)、约翰·穆勒(John Mueller)和其他学者所强调的那样，几个世纪以来，战争已经显著衰减。

极少被大家充分意识到的事实是，在现代战争中，冲突发起者极少实现其宣称的目标。首先，本文将讨论1945年以前的战争类型，并提出了它们衰落的原因；然后，本文将描述第二次世界大战后的战争，解释为什么战争发起者极少达成其目的；最后，为决策者和公民总结经验，得出教训。

大国之战的兴衰

数千年来，部落、城邦、王国、帝国和民族国家之间，为争夺额外的领土，为获取宝贵资源的机会，以及为提升其相对实力，征战不休。[1] 正如查尔斯·蒂利(Charles Tilly)的名言："战争造就国家，而国家制造战争。"[2]

现代的开端是16世纪初。从那以后，国家发展出了有利于或不利于暴力的新型组织形式和新技术，因此，战争的频率和杀伤力也有了兴衰之变。[3]

---

[1] For a comprehensive but concise discussion, see Jack S. Levy and William R. Thompson, The Arc of War: Origins, Escalation, and Transformation (Chicago: University of Chicago Press, 2011).

[2] Charles Tilly, "Reflections on the History of European State-Making", in Charles Tilly, ed., The Formation of National States in Western Europe (Princeton: Princeton University Press, 1975), p. 42.

[3] Jack S. Levy, "Historical Trends in Great Power War, 1495–1975", International Studies Quarterly 26, no. 2 (June 1982): 278–300.

大国为征服其他国家而战斗，努力抢占资源，包括矿山、牧场、奴隶、港口、金银和可征税的国民，并按照其统治者的喜好改变人们的宗教信仰或身份。

然而，这类战争的数量在20世纪中叶之后陡降。某些学者认为，战争变得不那么常见是因为人类作为一个种群逐渐将战争视为不文明的荒唐行为，甚至在某种程度上，也没有人再去考虑战争是否值得。用约翰·穆勒的话说，战争已变得“不可思议”。[1]

规范准则随着时间的推移而演化，但它却很少完全独立于其他的物质性因素。物质进步的变化刺激了，或者说是促成了心态的转变。过去那种大国之间的战争不再那么有吸引力，甚至对最爱冒险的领导人也是如此。像核武器这类的军事技术在很多情况下都将征服变成了自杀性的主张。在非军事方面，如民族主义和其他形式的身份政治，令被征服的人民更难被控制和同化。在经济方面，比如供应链的横向整合和跨境贸易的增加，则大大降低了战争的预期经济收益。[2]

当然，在小国之中征服的企图尚未完全消失。比如，1990年，伊拉克入侵科威特，以图控制科威特的油田并勾销伊拉克政府拖欠科威特的债务。但是，以美国为首的多国部队轻而易举地就将萨达姆·侯赛因逐出了科威特，这清楚地表明跨国侵略极具风险。

---

[1] John Mueller, Retreat from Doomsday: The Obsolescence of Major War (New York: Basic Books, 1989), pp. 240–244.

[2] See discussion in Benjamin H. Friedman, Brendan Rittenhouse Green, and Justin Logan, “Debating American Engagement: The Future of U.S. Grand Strategy”, International Security 38, no. 2 (Fall 2013): 183–192.

当代战争

虽然主要国家之间的战争爆发概率已经显著下降，但仍有战争爆发。目前，仍有三种战争存在，不过这些战争经常无法达成它们的目标。

防止核扩散之战 / 预防性之战

大国，尤其是美国，经常表达出对其他国家获取核武器的技术和战力的深切担忧。尽管美国并没有在伊拉克找到核武器，并在一定程度上忽视了伊拉克全然没有核武器计划的证据，但它发动 2003 年的伊拉克战争，其正当性理由主要还是防止核扩散。

尽管大国之间广泛接受核威慑理论（the doctrine of nuclear deterrence），但这些大国却出于种种理由反对核扩散。他们担心意外爆发的核战争，他们害怕“串联扩散”（proliferation cascades）或核扩散的“多米诺骨牌效应”（domino effect），他们忧虑核恐怖主义的可能性，而最后，他们更乐意保留对第三方采取行动的自由。正如肯尼思 · 华尔兹（Kenneth Waltz）指出的：“美国反对核扩散的一个重大原因是如果弱国有了核武器，这些国家就会限制我们的行为方式。”[1]

然而，反核武器扩散的战争仍面临若干问题。伊拉克战争

[1] Kenneth N. Waltz, “Waltz Responds to Sagan”, in Scott D. Sagan and Kenneth N. Waltz, The Spread of Nuclear Weapons: A Debate (New York: W. W. Norton, 1995), p. 111.

充分展示了其中的一大难题：一场成功的反核扩散战争所必须的情报难以获取，而且大多情报并不可靠。伊拉克提供了一个极端的例子：2003年，巴格达根本没有核武器计划，即使美国确实知道伊拉克存在核计划，仍然极难获得所需的全面知识，以用来打击成熟核基础设施足够多的关键节点。[1] 美国的替代方案或许是定期打击，而使其重新进行核计划的努力毁于一旦。每隔几年就轰炸该国，直到这个国家做出让步，不再追求核技术，又或者是发生令打击者满意的“政权更迭”。但是，我们不仅很难认为这会是一场成功的反核扩散战争，而且若以反核扩散战争进行威胁，甚至还会使敌对国家确信，它们更需要核武器来震慑潜在的攻击者。

反多米诺骨牌之战 / 影响力或信誉之战

近几十年来，战争的另一目的是大国之间争夺对小国的影响力。大国时常发起或继续战争，这是由于担心某一特定国家可能落入另一个国家的影响之下，而损害该干涉者的安全。“多米诺骨牌理论”（domino theory）断定，不管是某国特定的国内政策的变化，还是该国将被纳入另一个国家的势力范围，都可能引发多米诺骨牌效应。一个多米诺骨牌会推倒下一个，而将数量不定的其他国家送入敌对国家的怀抱。

[1] 有人可能会提出，以色列打击叙利亚的核反应堆设施是一个反例，但在当时，叙利亚的计划还要几十年才能完成，且相应地，以色列的打击对增加其安全的效果也是可疑的。

我在写本文时，俄罗斯军队已经入侵了乌克兰。俄罗斯政府声称这些军队不是俄罗斯人，而是乌克兰的自卫武装，这些武装是为了消除乌克兰的政治不稳定。宣称这是非俄罗斯武装很可笑，俄罗斯势力范围之外的任何人都不会相信这种说法。声称这些武装是致力于消除政治不稳定，而不是为了俄罗斯的海军能经由克里米亚进入黑海，显然，这种说法也经不起推敲。

俄罗斯人的入侵显示了军事力量仍与国际政治相关，不过，本文的目的不是要论证军事力量与政治不相关。俄罗斯非法入侵乌克兰，却没有爆发战争，一部分原因是基辅（乌克兰首都）的正确判断，很难拒绝某种有利的政治解决方案；另一部分原因是许多克里米亚居民的亲莫斯科心态。2014 年，俄罗斯远征克里米亚与 17 世纪或 20 世纪的领袖们所从事的那种大规模战争属于不同的类型。当觉得此事轻而易举且利益可观时，强国会欺凌弱国。

有时，这种战争会给干预者带来灾难性的后果。虽然苏联已被数十年的经济失策和穷兵黩武削弱，但促成苏联崩溃的却是其对阿富汗的干涉。干涉阿富汗这样一个资源贫乏的国家的逻辑实在令人难以捉摸，但有证据显示，苏联领导人害怕阿富汗会离开莫斯科转投西方，情况若这样发展，可能会给苏联的战略地位带来不确定的严重后果。随着战事每况愈下，苏联领导人又开始担心“失去”阿富汗是一个无法接受的挫折，并打击苏联的威信。[1]

---

[1] Artemy Kalinovsky, “Decision-Making and the Soviet War in Afghanistan: From Intervention to Withdrawal”, Journal of Cold War Studies 11, no. 4 (Fall 2009): 50.

这种关于影响力和信誉的逻辑链时常主导了干涉者的想法，但实际上却很少以他们所害怕的这种方式进行。正如达里尔出版社（Daryl G. Press）所记录的，信誉并不能以像这些领导人所认为的形式转移。政治家们往往并不是基于对手过去的行为来评估现在的危机；相反，他们评估的是在特殊情况下对手的物质利益和军事实力。[1] 与此相似，影响力本身往往也是偶然且短暂的。国家对其靠山保持忠诚，很少是出于其自身能感知到的利益之外的因素。

人道主义干涉

最后，国家声称是代表弱势的或受到威胁的第三方而进行干预。有时很难清晰地辨识人道主义干预的情形，因为为了让国内一直支持这种与国家战略无关的干预，政府经常会坚持说，这种干预实际上不是利他主义，而是为了国家自身的利益。

以表面上的国家安全作为理由的战争，最近的例子是在 2011 年由美国领导的利比亚战争。尽管美国政府官员继续坚持，介入这场内战制止了利比亚政权可能在班加西对 10 万利比亚平民发动的大屠杀（也几乎不可能证明相反的事实），但这种说法仍然难以令人信服。利比亚政权在攻击班加西之前的米苏拉塔战斗中，它们的行为也并没有显示出滥杀的政策。而且，利比亚独裁者卡扎菲虽然气势汹汹地威胁反政府武装，但在公共广播中他却对班加

[1] Daryl G. Press, Calculating Credibility: How Leaders Assess Military Threats (Ithaca, NY: Cornell University Press, 2007).

西的平民说：

任何人只要上缴了武器，解除武装待在家里，不管他以前做过什么，他都会受到宽恕和保护，我们对街上的任何人都既往不咎……任何人只要放下武器，和平地待在家中，不管他曾做了什么，都会被宽恕，会得到保护。[1]

卡扎菲的目的是维持统治，而不仅仅是惩罚他的臣民。卡扎菲是个残暴的独裁者这一事实，激发了西方自由左派的情绪。因此，如果有任何人指出，卡扎菲并不曾扬言要屠杀平民，那么这个人就得冒被当成暴政卫道士的风险。此外，阿拉伯自由化运动——阿拉伯之春（Arab Spring）——的未来取决于是否能阻止卡扎菲赢得内战。[2]西方官员们甚至还否认他们的动机是政权更迭，尽管军事行动已让这一目的昭然若揭。[3]不管怎样，这么多的人道主义干预起码结束了战争：政权更迭随之而来的是步履蹒跚的经济状况和尚未解决的政治分歧，而这些已不在西方公众和决策者们的考虑之内。[4]

[1] See discussion in Alan J. Kuperman, "A Model Humanitarian Intervention? Reassessing NATO's Libya Campaign", International Security 38, no. 1 (Summer 2013): 105–136.

[2] Helene Cooper and Steven Lee Myers, "Obama Takes Hard Line with Libya After Shift by Clinton", New York Times, March 18, 2011.

[3] See discussion in Alan J. Kuperman, "A Model Humanitarian Intervention? Reassessing NATO's Libya Campaign".

[4] For an incisive treatment of the Western tendency to ignore politics and the problems this can cause, see Richard K. Betts, "The Delusion of Impartial Intervention", Foreign Affairs 73, no. 6 (Nov/ Dec 1994): 20–33.

结论

如果战争极少能达到战争发起人的目的，为何仍有战争爆发？这一问题没有唯一的答案，促成战争的因素有多种。

国家建立制度，并支持军工产业的发展，整个军工产业的唯一目的是备战，或生产战争设施或工具。对这种现象最有名的评论是艾森豪威尔总统在他的告别演讲中对“军工复合体”的警告。曾是五星上将的艾森奥威尔警告说：“虽然科技进步和大型的国防工业对军事和国防而言必不可少，但有一个风险，即“公共政策本身可能成为科技精英的‘俘虏’。”换句话说，军工复合体可能“捕获”美国的国防政策，如果没有影响政策，也会影响导向，使之有利于军火制造商和国防承包商，却并非最有利于国家利益。[1]

美国拥有充当国际储备的货币，又拥有与最危险的威胁相隔离的地理位置，还拥有适应性很强的巨大经济体，这些优越的条件放大了艾森豪威尔警告的危险。美国的决策者有能力浪费资源来补贴军工产业，而这对安全和财富的不利影响却不是那么明显。由于那些受安全和福利的边际影响更大的国家面临更多更艰难的权衡，所以较少贸然开战。因为美国安全且富裕，许多愚蠢的外交政策的成本非常分散，因此追求这种外交政策

[1] President Dwight D. Eisenhower, “Farewell Address to the Nation”, January 17, 1961. More generally, see Peter Trubowitz, Defining the National Interest: Conflict and Change in American Foreign Policy (Chicago: University of Chicago Press, 1998).

的领导人很少看到对其不利的明显后果。[1]

最后，意识形态在各国社会军事化和发动战争中扮演了重要角色。[2] 国家主义和法西斯主义等意识形态，助长了 20 世纪的血腥冲突。大多数意识形态对其自身政治领袖的决策赋予了特权地位。从法国的“文明的使命”（mission civilisatrice），到“白种人的责任”之英国信条，到现代的“美国例外主义”，一国国民相信自己国家的优越性赋予了该国按照其喜好重塑世界的特别许可。政治领袖甚至可能在谈到国家及其使命时利用冠冕堂皇的宗教言辞，以上帝的权威来灌输国家利益。[3]

因此，物质利益和意识形态都会促使战争延续。如果这两个因素——军工复合体和政治精英们的物质利益，以及与战争和冲突相关的意识形态能得到反击，战争的发生就不会那么频繁。这是新一代和平活动家们值得迎接的挑战。

[1] Benjamin H. Friedman and Justin Logan, “Why the U.S. Military Budget Is Foolish and Sustainable”, Orbis 56, issue 2 (Fall 2012): 177–191.

[2] On elite politics and overexpansion, see Jack Snyder, Myths of Empire: Domestic Politics and International Ambition (Ithaca, NY: Cornell University Press, 1991).

[3] 例如，美国总统乔治 · W. 布什（小布什）在 2003 年国情咨文中为伊拉克战争提供理由时，引用了福音赞美诗中的话，用“美国人民”替代了基督。 See Alan Cooperman, “Openly Religious, to a Point”, Washington Post, September 16, 2004. More generally, see Conor Cruise O’Brien, God Land: Reflections on Religion and Nationalism (Cambridge, MA: Harvard University Press, 1999).

9

治安军事化

瑞德利·班克（Radley Balko）

The Militarization of Policing

从20世纪80年代初期到现在，美国的警察部门发生了根本性的变化。一方面，有了更多的民间审查委员会（civilian review boards）和督察室（internal affairs departments），大多数刑事学家认为，比起从前，现在的流氓警察（“烂苹果”）少了；另一方面，无论是执行逮捕，应对抗议，还是响应危机，警察机构都更倾向于对日益增长的轻罪更频繁地使用暴力。

是什么促使国内治安越来越军事化？为什么要越来越多地用军事武器（包括坦克）来组建和装备特警队？这只发生在美国还是全世界都是如此？治安军事化对警民关系有何影响？瑞德利·班克是一名记者，他为《华盛顿邮报》撰写关于刑事司法（criminal justice）、毒品战争和公民自由的博客。他是《赫芬顿邮报》（*Huffington Post*）的调查记者，也一直是《理性》（*Reason*）杂志的编辑和加图研究所的政策分析员。最近他写了一本新书《武装警察的兴起：美国警力的军事化》（*Rise of the Warrior Cop: The Militarization of America's Police Forces*）。

治安事务正在发生变化。昔日的“治安官员”（peace officers）已不见影踪。越来越多的警察部门正日益向军队看齐，其行为也更类似军队。在很多国家，这种趋势都很明显，而这对国内的和平、法律和秩序都构成了威胁。

从 20 世纪 80 年代初期到现在，美国的警察部门发生了根本性的变化。一方面，有了更多的民间审查委员会（civilian review boards）和督察室（internal affairs departments），大多数刑事学家认为，比起从前，现在的流氓警察（“烂苹果”）少了；但另一方面，无论是执行逮捕，应对抗议，还是响应危机，警察机构都更倾向于对日益增长的轻罪更频繁地使用暴力。换句话说，在官方政策许可之外使用暴力的警察人数减少了，但在官方政策许可的范围内却成了令人困扰的问题。

最引人注目的新政策是特警队（Special Weapons and Tactics,

SWAT)、特遣队(Task Forces)和其他具有攻击性的警察单位的兴盛，这反映出它们受到了不同程度的军事影响。例如，虽然特警队曾经仅限于在大城市中处理紧急情况(比如对付劫持人质的匪徒、活跃的枪手或逃犯)，但是现在使用特警队的频率远远大于前一代人，而且他们主要是逮捕那些非暴力的自愿的毒品犯罪嫌疑犯。

数据令人震惊。20 世纪 80 年代早期，全美每年大约有 3 000 次特警出动，而到了 2005 年，每年大约有 50 000 次特警出动(仅仅纽约市一地，1994 年为抓捕毒贩出动 1 447 次)，8 年以后的 2002 年，为抓捕毒贩出动 5 117 次——增长了 350%；1984 年，人数在 25 000～50 000 之间的城镇只有约四分之一有特警，而到了 2005 年，该比例上升为 80%。[1]

过去，这类武装仅为生命受到即时威胁时而保留，它是最后的选择。如今，在很多辖区，使用这种武装成了执行逮捕任务时的第一选择。现在，特警队被用来驱散扑克牌局和按摩院，被用来执行移民法，甚至还被用来执行例行检查，围捕有向未成年饮酒者提供服务之嫌的酒吧，以及逮捕无证理发师。

过去，特警队的目标是用暴力化解既成的暴力形势，而现在，特警队主要被用来制造本来没有的暴力和动荡的局面。这造成了数十人死亡，死者有无辜民众、非暴力罪犯和警察自己。

---

[1] A great deal of the data on SWAT team use was gathered by Professor Peter Kraska. The most systematic data collection went up to 2005. A recent review of the issue can be found in "Paramilitary Police: Cops or Soldiers?". The Economist, March 22, 2014, http://www.economist.com/news/united-states/21599349-americas-policehave-become-too-militarised-cops-or-soldiers.

以棍棒、攻击性武器和闪光弹武装的警察呼啸而来，吓坏了千万人。此外，联邦政府正以军事装备武装地方执法部门，包括配备炮口的重装甲车、战术装甲、榴弹发射器、反地雷伏击（Mine Resistant Ambush Protected，MRAP）车辆，以及其他很多装备。

最麻烦的是，问题不仅出现在特警队。现在有太多的警察部门被灌输了一种更为普遍的军国主义思想。警察经常被告知，他们是在战争中打仗的士兵，这场战争可能是反犯罪的战争，反毒品的战争，反恐怖主义的战争，或者是反对政客们新近挑选出来当成敌人的任何妖魔鬼怪的战争。现在的警察往往与其服务的社区隔离，既包括身体上（用他们的巡逻车）的隔离，也包括心理上的（以一种“我们和他们”的心态）隔离，他们不把公众视为自己宣誓效忠和保护的公民，而是将公众视为潜在威胁的集合体。

现在的警察机构行事的诡秘也是臭名昭著。内务调查通常避开公众，而代表警察谈判的工会也竭力保持个人记录的私密性（这在大多数地方都成功了）。警察工会还说服了许多州通过了“警察权利法案”，该法案授予被控犯罪的警察享有特殊的权利和保护，而普通公民却无权享有。

不仅仅美国如此，英国和加拿大也时常用类似特警的警察队伍来抓捕毒贩。21世纪初，美国官员运用外交手段和激励手段，说服墨西哥政府运用该国的军队与毒品作战。其结果包括数以万计的凶杀、大规模的腐败和恐怖的公开处决。

这种野蛮暴力的发展趋势在世界其他地方同样很明显。在巴西，准军事化部队，比如素有恶名的特种警察部队（Batalhão de Operações Policiais Especiais，BOPE）已将里约热内卢等城市的贫民窟变成了城市战区。俄罗斯的特种防暴警察部队（Отряд Мобильный Особого Назначения，OMON）有侵犯人权的记录，包括屠杀难民和用暴力血腥镇压示威者。在乌克兰，现已被解散的准军事化单位金鹰（Berkut，Беркут）也曾有一连串的滥用暴力行为。

在 1999 年西雅图世贸组织会议的灾难性暴动之后（后来的调查显示，警察和示威者对引发暴动的原因难分轩轾），发达国家应付大规模抗议活动的默认反应就是野蛮的暴力。警察通常全副武装来面对抗议者，他们进入期待中的对抗状态——这是一种趋于自我实现的心态。实际上，会议越重要，与会者越有影响力，其决策的意义就越重大，那么就越有可能尽量驱逐抗议者远离会场，越远越好——这也意味着抗议者的声音更难被听见。这当然与自由国家所标榜信奉的自由表达的价值完全背道而驰。

当然，也有优秀的警察，出色的警察局长和警长，以及许多与公众关系良好的警察机构，也有国家、地方和市镇的政府有效地平衡了维持秩序与公民自由和言论自由。尽管如此，治安军事化的进行还是一天天地将战斗的行为和心态引入了公民社会。世界上有许多地方更加频繁地使用特警队出击，进行临时拦截与搜身（stop-and-frisk searche），以及用军事力量对付政治抗议，这导致警民关系逐渐趋于敌对。

如果说美国、加拿大或英国已经成了警察国家，显然是太夸张了。如果它们真是警察国家的话，那么本文也就不会被刊登了。但如果一个人要等到生活在警察国家中才出声抗议，那也将是非常严重的错误。

10

和平的哲学或冲突的哲学

汤姆·戈·帕尔默

The Militarization of Policing

宽容与共存、合同与合作、财产与交换已经在很大程度上（但绝不是全部）取代了迫害与屠杀、强制与争斗、盗窃与奴役、战争与冲突，成了道德的理想。这是一场已改变了世界的运动，以和平代替了战争，以宽容代替了不宽容，以交换代替了抢劫。

冲突和暴力在政治生活中扮演着什么角色？是否还有人在赞美冲突？现在，“左派”“右派”双方中支持冲突的主要是哪些人？他们的影响力如何？在“左派”和“右派”中，冲突的中心地位是什么？为何这与自由意志主义者看待冲突的方式不同？其区别体现在哪些方面？

战争是万众之父，万物之主。战争或让人犹如神祇，或不过凡人；战争或让人遭受奴役，或获得自由。

——赫拉克利特（Heraclitus of Ephesus）[1]

曾经，战争是一种常态。不仅仅是人类社会，整个世界都曾处于战争状态之下。世界由战争塑造，沐浴在战争之中。战争曾是不可避免的，曾被认为是好事，虽然战争带来苦难，但这种苦难是人类进步和美德的必要基础。法国保守主义作家约瑟夫·德·迈斯特（Joseph de Maistre）兴奋地宣布：“战争是

[1] Presocratic Philosophers: A Critical History with a Selection of Texts, by G. S. Kirk, J. E. Raven, and M. Schofield (second edition: Cambridge: Cambridge University Press, 1957), p. 193. Heraclitus is also quoted as stating, “Εἰδέναι δὲ χρὴ τὸν πόλεμον ἐόντα ξυνὸν καὶ δίκην ἔριν, καὶ γινόμενα πάντα κατ’ ἔριν καὶ χρεών”, “It is necessary to know that war is common and right is strife and that all things happen by strife and necessity”. (p. 193)

人类的固有状态，也就是说，人类的鲜血必须持续不断地在地球上的某处流淌，而对每个国家而言，和平都只是短暂的间歇。”[1] 杀戮曾是生命的原料。

约瑟夫·德·迈斯特的话在今天会让大多数人震惊，会认为这不可思议，并且令人反感。现在，事情发生了变化，或者说，有一些事情发生了变化。在今天的大多数人眼中，战争已经成了让人讨厌的东西。

大多数人在听到歌颂战争时会产生强烈的反感，这是有原因的。因为一种迥然不同的观念已经占据了主导地位，并且实现这种观念的机制现已经在世界大多数地方（但不是所有的地方）的大多数人（但不是所有人）的生活中得以体现。世界比以前任何时候都更加和平。这听起来似乎会颇有争议，但它有充分的证据支持。哈佛大学的史蒂文·平克教授在他的著作《人性中的善良天使：暴力与人性的历史》（*The Better Angels of Our Nature: A History of Violence and Humanity*）中详尽地检验了这些证据。[2] 很长时间以来，不仅国家之间的军事冲突一直在下降，而且诸如丈夫对妻子的暴力，父母对孩子的暴力，以及街头罪犯对其受害人的暴力等其他暴力，在每月或每年的发生率忽大忽小，但所有这些暴力的发生率都普遍趋于下降，而且已经持续了相当长的时

[1] Joseph de Maistre, Considerations on France, trans. by Richard A.Lebrun (1797; Cambridge: Cambridge University Press, 2000), p. 23.

[2] Steven Pinker, The Better Angels of Our Nature: A History of Violence and Humanity (London: Penguin Books, 2011). 平克的著作是严肃社会科学的出色范例。该书展示了证据，提出并检验了解释性的假设，并在缺少决定性证据时承认结论的不确定性。

间。[1] 平克提出暴力发生率下降的长期趋势的原因包括：

政府的建立：可垄断暴力（也因而可在某种程度上控制暴力）。

商业的发展：让他人更珍视生命而非死亡。

逐渐用“尊严”的文化代替“荣誉”的文化：在这一过程中，比起自我控制和尊严，为荣誉复仇不再那么重要了。

启蒙运动中的人道主义革命：强调人类生命的价值（无论是自己的生命还是他人的生命），并且以理性和证据来替代迷信（比如，对于被控使用“巫术”的人而言，这都是好消息）。

国际组织的出现和发展：既包括民间社会的国际组织，也包括政府间的国际组织，这些组织用外交与调解的方式来解决纷争。

小说的发明和流行：自由市场的商业革命对此锦上添花，而小说有助于比以往多得多的人以想象来代入他人的生活（而这有助于同情他人）。

国际交换、投资和旅行在创造与维持和平方面，扮演着日益重要的角色。

古典自由主义的理念得到广泛接受：摆脱了部族与独裁力量的强制，容忍他人的选择（只要这些选择未侵犯他人的自主权和福祉）。[2]

---

[1] 20 世纪见证了令人恐怖、惊怵、厌恶的有组织的国家暴力，对这一明显的反例，平克将之纳入了考虑。即使将这些国家暴力计算进去，20 世纪，人类经历暴力的可能性在整体上仍是下降的。参见 The Better Angels of Our Nature: A History of Violence and Humanity, pp. 233–278.

[2] Ibid., p. 769.

抽象推理日益重要（这也是由商业和技术带动的）：抽象推理有助于人们信奉古典自由主义 / 自由意志主义权利理念的一般原则。

这是个复杂的故事，因为人类历史的形成原因本就复杂，而且其发展变动不居。但这是一个不断被详尽记录的故事，它驳倒了相信“人类的鲜血必须持续不断地在地球上的某处流淌”的那些人。持久的和平确有可能，而不仅仅是“短暂的间歇”。

宽容与共存、合同与合作、财产与交换已经在很大程度上（但绝不是全部）取代了迫害与屠杀、强制与争斗、盗窃与奴役、战争与冲突，成了道德的理想。这是一场已改变了世界的运动，以和平代替了战争，以宽容代替了不宽容，以交换代替了抢劫。在不同的时代，这场运动有不同的名称，但最常见的是“自由主义”（liberalism），现在，在英语国家，则被称为“古典自由主义（classical liberalism）”或“自由意志主义”（libertarianism）。[1] 自由意志主义是信奉和平的哲学。和平是自由意志主义最为核心的

[1] 所用的这些术语在本文中可以互相替换。自由意志主义（Libertarianism）在大多数国家被认为是“自由主义”（liberalism）或“古典自由主义”（classical liberalism），以避免与在美国所用的“自由主义”的术语（liberalism）相区别。经济学家约瑟夫 · 熊彼特指出，“在美国，私人企业制度的敌人认为最好占用这一标签（指自由主义——译者注），即使是无意的，也是对之最高的赞美。” Joseph Schumpeter, History of Economic Analysis (New York: Oxford University Press, 1974), p. 394. See also George H.Smith, The System of Liberty: Themes in the History of Classical Liberalism (Cambridge: Cambridge University Press, 2013), esp. chap 1, “Liberalism, Old and New”, The history of the word liberalism is described in Guillaume de Bertier de Sauvigny, “Le libéralism. Aux origines d’un mot”, Commentaire, no. 7 (Autumn), pp. 420–424, p. 420, available online at http://www.commentaire.fr/pdf/articles/1979-3-007/1979-3-007. pdf.

思想，因为和平正是自由理念的核心。正如影响深远的哲学家约翰·洛克宣称“自由就是免于他人的控制与暴力”。[1] 战争就是暴力——受到控制的、精心安排的、实际运用的，将之合理化并得到赞誉的烈性暴力。

自由意志主义者认为，对人类社会而言，和平且自愿的合作既是理想，也具有现实可能性。其他的哲学——“左派”和“右派”的哲学，国家主义、保守主义、进步主义、法西斯主义、政教合一，以及所有这些哲学可能的排列组合——却假定人的生命不可避免地充满了纷争、冲突、斗争与战争，阶级之间、种族之间、文明之间、民族之间、利益之间或宗教之间的纷争、冲突、斗争与战争。

由于自由意志主义的价值、原则、制度和实践日益渗透我们的生活，世界已变得较为和平。而一个更为和平的世界，则要求坚持、捍卫、促进和扩展这些价值、原则、制度和实践。

合作的哲学

尽管有许多人和事对这些观念的发展做出了贡献，但最早将诸如宽容、自由贸易、宪政政府、法治和平等权利之类的思想结合在一起的系统构想是 17 世纪的英格兰政治运动，这个运动在

[1] John Locke, Two Treatises of Government, Peter Laslett, ed.(Cambridge: Cambridge University Press, 1988), II, Chap. VI, §57, p. 507

史上被称为平等派（Levellers）。[1] 正如理查德·奥弗顿于 1646 年在牢房里宣称，一切财产都取决于个人自有的财产，这是一种平等适用于每个人的权利：

> 任何人都没有权力凌驾在我的权利和自由之上，而我对任何人也没有这种权力，否则我的和你的（财产）都不可能存在。[2]

基于对和平的思想与行动的默认，奥弗顿和他的同行们阐明了权利平等和社会和谐的设想，即自发秩序的观念和法治的观念与基于道德哲学的个人权利平等的观念相结合。自发秩序的观念即是认为社会秩序会自发产生，无须统治者刻意设计与推行。法治的观念即是以简单的规则创造出既有利于个人享有自由，也有利于产生社会秩序与和谐的框架，这些简单的规则具有普遍性，

---

[1] For a useful overview, see The English Levellers, Andrew Sharp, ed. (Cambridge: Cambridge University Press, 1998).

[2] “每个个人在自然状态下都由大自然赋予了一份个人财产，不可被任何人侵犯或篡夺。对于每个人来说，既然他就是他自己，那么他就有属于自己的财产，否则他就不是他自己。由此，没有什么理由能假定可剥夺任何财产而不明显违反核心的自然原则，不违反人与人之间平等且公正的规则。我的不可能是我的，你的不可能是你的，任何人都没有权力凌驾在我的权利和自由之上，而我对任何人也不具有这种权力。我是而且仅仅是一个人，我享有自我和自己的财产，我的权利不超过我自身，不能再进一步。倘若如此，我就是一个对他人权利的侵占者和侵略者——我对他人没有权利。因为人生而平等且相同，生来就喜欢财产和自由，而既然我们经由上帝的自然之手被带到这世上，那么每个人就都享有天然的、与生俱来的自由和财产——犹如铭刻在每个人心中的使命，永不可磨灭。正是这样，我们才得以生存，每个人都平等且相同地享有他与生俱来的权利和特权；甚至上帝所做的一切本就是让他们自由。” Richard Overton, “An Arrow against All Tyrants and Tyranny”, in The English Levellers, Andrew Sharp, ed., p. 55.

众所周知且平等适用。这种不包含暴力的人类秩序的理念，这样一个拒绝战争和征服的社会吓坏了许多人——不仅吓坏了贵族和军人，还吓坏了一些欧洲最伟大的知识分子。他们激烈地反对自由主义的观念和实践。许多这样的思想家认为，商业远不能与战斗相提并论，自由仅仅是换了个名字的"特许"，而宽容便是拒绝上帝的律法。

自由、财产和商业的确也有其捍卫者，他们随着时间的推移越发勇敢。法国思想家孟德斯鸠有将商业等同为"良俗"（gentle mores）的著名说法，也就是说，将商业等同于高尚的举止与行为：

> 商业能纠正破坏性的偏见，这几乎是一种普遍规律，即哪里有良俗，哪里就有商业；而哪里有商业，哪里就有良俗。[1]

希腊语中也隐约认识到了商业创造良俗的作用，有学者指出，动词"katallassein"意为"交换"，同时也意为"纳入共同体"和"化敌为友"。[2]

商业的世界与荣耀的世界相比更意味着双赢的、正和博弈的世

[1] Montesquieu, The Spirit of the Laws, Anne M. Cohler, Basia Carolyn Miller, and Harold Samuel Stone, trans. (1748; Cambridge: Cambridge University Press, 1989), Book 20, Chapter 1, p. 338. On property and liberty, see Book 25, Chapter 15, pp. 510–511, among other places.

[2] See for a discussion of "catallaxy" as "market order", F. A. Hayek, Law, Legislation, and Liberty, Vol. 2, The Mirage of Social Justice (Chicago: University of Chicago Press, 1978) p. 108, citing Liddell and Scott, A Greek-English Dictionary.

界，而荣耀必有征服，征服必有失败。这种荣耀要求敌对。正是误以为失去荣耀便失去了美德，许多人都反对自由主义的思想。

就在临终之前，自由主义经济学家与和平活动家弗里德里克·巴斯夏出版了他的演讲“告法国青年”，在这其中，他指出了理解唯阶级论者的关键。他认为：

他们诉诸强制，是因为他们认为人类的利益根本敌对。

因此，他们发现根本性的敌对无处不在：

在财产所有者和工人之间，

在资本与劳工之间，

在普通人与资产阶级之间，

在农业与工业之间，

在农民与城里人之间，

在本国人与外国人之间，

在生产者与消费者之间，

在文明与社会秩序之间。

用简单的一句话总结：

他们认为，在个人自由与和谐的社会秩序之间存在着根本的敌对。

这就解释了为什么虽然他们心中也有某种人类的同情心，但他们嘴里吐出的却是仇恨。虽然他们都将自己的爱留给了其想象中的社会，但是他们注定生活在其中的现实社会却不能适应他们的理想，那试图在摧毁的废墟上建成新耶路撒冷的理想。[1]

巴斯夏预见到了20世纪集体主义者的企图。集体主义者在控制了许多国家及大量人口的基础上，着手将同胞塑造成符合他们想象的“新人类”。创造新人类都是“左派”或“右派”的反自由主义思想家的痴想，只是对新人类应该是什么样的细节上有所不同。相反，巴斯夏写道：“经济学家遵从人类，遵从其本性的规律，并从这些规律中发展总结出社会关系。乌托邦主义者凭自己的想象变出一个社会，然后虚构人类的心灵来适应这种社会。”[2]

显然，人类的确有冲突。从古典自由主义运动的各种表现来看，都是在寻求解决冲突之路。宗教宽容和有限政府（以此将有争议的议题移出“公共选择”的范围），以调解和赔偿来替代惩罚，言论自由和交换自由，这些都是古典自由主义致力于解决冲突的手段。解决冲突的关键在于减少冲突，以合作代替冲突，而不是庆祝冲突。

冲突的哲学

我从这4年中的暴力和所有这些极为奢侈的实战教育中学到的是，除非将生命献给某种理想，否则生命将毫无深意。与某些

[1] Frédéric Bastiat, “To the Youth of France”, in Frédéric Bastiat, Economic Harmonies, W. Hayden Boyers, trans. (Irvington-on-Hudson: Foundation for Economic Education, 1964), p. xxiv.

[2] Frédêric Bastiat, ibid., p. xxv.

理想相比，个体的生命，甚至一国人民的生命都无足轻重。虽然作为一个个体，作为军队整体的一员，我所奋斗的目标并未实现，但纵使物质的力量在表面上将我们摔倒在地，我们却已经彻底明白，要为某个理想奋斗，而且如果有必要的话，要像个男子汉那样倒下……不是每一代人都如此幸运。

——恩斯特·荣格尔（Ernst Jünger）[1]

尽管古典自由主义者告诉人们，通过商业、理性、民主商议（democratic deliberation），以及容忍非暴力的分歧等方式，人类的利益可以和平地协调，恰当的机制也能够减少冲突和暴力，但是那些怀恋旧秩序的自由主义敌人和批评者们认为，冲突是人类生活根深蒂固的一大特点。实际上，是冲突赋予了生命的意义，基于这样的观念，他们着手建构其理论。自由新哲学最有影响的敌人之一是法国的保守主义者约瑟夫·德·迈斯特。他猛烈抨击和平的思想，并称颂战争是最高尚人性的源泉："人性真正的成果——艺术、科学、伟大的企业、崇高的概念、男子汉的美德——都特别要归功于战争状态……总之，我们可以说，鲜血是我们称之为天才的这种植物的肥料。"[2] 与赫拉克利特相呼应，他坚持认为，"宇宙中别无他物，唯有暴力。"[3]

---

[1] Ernst Jünger, The Storm of Steel, from the Diary of a German Storm-Troop Officer on the Western Front (New York: Howard Fertig, 1996),pp. 316–317.

[2] Joseph de Maistre, Considerations on France, op. cit, p. 29.

[3] Ibid., p. 31.

这是反启蒙运动的基本观点，也是起而攻击古典自由主义新理念的思想家们的基本观点。

反启蒙运动的思想家们拒绝普遍性，而拥抱特殊性；拒绝客观真理，而歌颂人为创造——不是自由个体的创造，而是集体的创造，个人则淹没于这种集体之中。[1] 市场、商人，尤其是欧洲商人中超出人口比例的犹太人，他们被人唾骂。民族、阶级和种族只能在与其他民族、阶级和种族的冲突中寻求其独有的统一。史蒂芬·平克指出，除了拒绝普遍性、客观性和理性，“反启蒙运动也拒绝假定暴力是一个需要加以解决的问题。斗争和流血深植于自然秩序之中，而且若不耗尽生命的活力去颠覆人类的命运，就不可能消除斗争和流血”。[2]

无休止的冲突激荡在人类生命的深处，这样的观点和对想象中既有关系的旧秩序的怀念被一些思想家接受。他们拒绝和平和贸易、宽容和自由的自由主义的思想，他们认为这些只是阴谋诡计，只是用来掩盖和隐藏另一种更深入、更隐蔽的冲突、暴力和剥削。他们承认，自由主义的价值观致力于以和平取代战争，以交换取代盗窃，以宽容取代在木桩上烧死，以世界性的包容取代民族间的仇恨，但是所有这些都不值一提，都只是为了阻止人类看到更深层次的暴力。1844 年，有学者在一本小册子中怒吼：

---

[1] See Isaiah Berlin, “The Counter-Enlightenment”, in Isaiah Berlin, The Proper Study of Mankind: An Anthology of Essays (New York: Farrar, Straus and Giroux, 1998), pp. 243–268.

[2] Steven Pinker, The Better Angels of Our Nature, p. 226.

你实现了各国人民之间的博爱——但这种博爱是盗贼的博爱。你减少了战争的数量——但只是为了在和平中攫取所有更大的利润，为了增加个人之间最深的敌意。你这可耻的竞争之战！什么时候你曾"出于纯粹的人性"而做过任何事，是由于意识到了个人利益与普遍利益之间对立的无益？什么时候你曾符合道德，而不是为了利益，不是因为你思想暗处所隐藏的不道德的利己动机？

通过消解民族性，自由主义经济制度尽其最大所能将仇恨普遍化，将人类转变为贪婪野兽的部落（竞争者们还能是什么），在这其中，人们互相吞食，仅仅因为每个人和所有其他人都有着相同的利益。[1]

这位学者认为，自由主义和自由贸易或许已经"减少了战争的数量"，但仅仅是"为了在和平中攫取所有更大的利润"。他所痛恨的更大的利润与减少的战争数量相比，是更令人忧虑的问题。

颇有影响的英国维多利亚时代的艺术评论家和反启蒙运动的约翰·罗斯金（John Ruskin）热情洋溢地大谈战争的美德，他坚持："只有在战斗的民族之中，伟大的艺术才会出现在世上。如果游牧民族保持和平，他们中不会有艺术；如果农耕民

[1] Friedrich Engels, "Outlines of a Critique of Political Economy", in Lawrence S. Stepelevich, ed., The Young Hegelians: An Anthology (Amherst, N.Y.: Humanity Books, 1999), pp. 278–302, p. 283.

族保持和平，他们中不会有艺术。商业勉强可以做到与精美的艺术一致，但却不能产生艺术；制造业不仅不能产生艺术，而且总是破坏任何艺术的种子。只有基于战斗，一国才可能拥有伟大的艺术。”[1]

启蒙运动的思想家则相反，他们认为和平和社会和谐具有独立的自身价值，而不是那些思想家所认为的那样，仅仅是掩盖更深层次社会仇恨的诡计。比如，伏尔泰便是永恒的榜样，伏尔泰赞扬交换和宽容，正是因为它们能产生和平，这代表了启蒙运动的价值和观点。[2] 反启蒙运动的思想家，如德·迈斯特

---

[1] John Ruskin, “War,” Lecture delivered at the Royal Military Academy, Woolwich, in The Crown of Wild Olive, Munera Pulveris, Sesame and Lilies, by John Ruskin (New York: Thomas Y. Crowell & Co.,n.d.), pp. 66–67. 罗斯金补充道：“通常的理念认为和平与民间生活的美德共同繁荣，但我发现这完全站不住脚。和平仅与民间生活的恶习共同繁荣。我们谈论和平与学问，和平与富裕，以及和平与文明；但我发现，历史女神不曾将这些字眼放在一起：她口中说的是——和平与淫荡，和平与自私，和平与腐败，和平与死亡。总之，我发现，所有伟大的民族都是从战争中学到了真理之言和思想之力；真理和思想在战争中培育，而被和平浪费；由战争来传授，而被和平欺骗；由战争来训练，而被和平背叛。简而言之，真理和思想生于战争，终于和平。”（p.70）

[2] 在伏尔泰《关于英吉利国的书信》（*Letters Concerning the English Nation*）中，伏尔泰描绘了他在更自由、更商业化（比起法国）的英国的经历。他观察到，虽然圣公会和长老会是英国最大的教派，但其他教派的传教也非常受欢迎，各个教派和谐共处，虽然大多数牧师都相互厌恶，就像詹森教派的信徒讨厌耶稣会信徒那样：“看一看伦敦的皇家交易所（Royal-Exchange in London），这里比许多正义的法庭更为庄严，各国代表在此相聚，造福人类。犹太教徒、伊斯兰教徒和基督教徒在一起交易，犹如他们信奉的是同一宗教，而异教徒只是那些破产的人。在这里，长老会信任重洗派，而牧师则听贵格会的话。这里和平和自由的集市散去后，有些人去犹太教堂，而其他人则去喝一杯。这个人来到世上，以圣父、圣子、圣灵的名义受洗；那个人切去了他儿子的包皮，同时用听不懂的希伯来语对他的孩子念念有词。其他人回到各自的教堂，戴着帽子等待来自天堂的启示。而所有的人都很满意。” Voltaire, Letters Concerning the English Nation (1733; Oxford: Oxford University Press, 1994), Letter VI, “On the Presbyterians”, p. 30.

和罗斯金却谴责交换和宽容，认为这是人类价值的堕落。

将自由主义等同于“资产阶级”（bourgeoisie）这样的新兴“阶级”的那些学者，他们认为资产阶级颠覆了整个世界的秩序，并以冷酷的计算代替了社会温暖的怀抱。随着市场关系的传播和加强，易货贸易（比如用鸡蛋换黄油）越来越多地被以货币为中介的交换取代（用鸡蛋换货币，然后用货币换黄油）。这意味理性的普遍增加，因为人们能够以一种通用的单位——货币，来比较稀缺资源的不同用途。这又反过来促进了合理的计算，包括精确地计算利润和亏损。这意味着更多的经济协作成为可能，更多的财富会被创造，繁荣的好处可以扩展到前所未有的广泛人群中，而且更为遥远的人们的利益和欲望也能纳入考虑。他们把这种市场为中介的理性指责为“无情”和“利己主义计算的冰水”（the icy water of egotistical calculation）。他们声称，自由主义的价值观、制度和实践仅仅是表面上更为人性化，而实际上是用另一种更为恶劣的暴力替代了以前的暴力：

任何资产阶级已取得了统治的地方，一切封建的、宗法的和田园诗般的关系都被它破坏了。它无情地斩断了把人们束缚于天然尊长的形形色色的封建羁绊，它使人和人之间除了赤裸裸的利害关系，除了冷酷无情的“现金交易”，就再也没有任何别的联系了。它把宗教虔诚、骑士热忱、庸人伤感这些情感的神圣发作，淹没在利己主义计算的冰水之中。它把人的尊严变成了交换价值，用一种没有良心的贸易自由代替了无数特许的不可剥夺的自由。总而言之，它用公开的、无耻的、直接的、露骨的剥削代替了由宗教幻想和政治幻想掩盖着的剥削。[1]

反启蒙运动的意识形态领袖对自由主义发动了猛烈的攻击，并试图在一种新式的、各自孤立的民族、国家、阶级和种族的团结中，实现集体主义。在所有情况下，他们传递的信息都是，人类的团体之间面对着不可缓和的根本性利益的对立。他们相信团结只是作为敌意和仇恨的补充。这正如深具洞见的古典自由主义小说家罗伯特·穆齐尔（Robert Musil）所指出的那样："人类最深的社会本能恰好是他反社会的本能，这大概就是事实。"[2] 这种观点在拒绝理性商议、拒绝通过市场交换的理性计算、拒绝宽容与和平的知识分子之中根深蒂固。其中一些人可能会认为自己是和平的倡导者（在现代知识界中，公开颂扬军事冲突的好处多会被认为格调低下，不合时宜），但是他们都信奉这样的核心原则：不可缓和的根本性利益是对立的，它们有着不可调和的冲突。在那本著名的小册子中，那两名当时还籍籍无名的知识分子阐述的愿景是要激发一场运动，要将鲜血洒满世界上的大部分地方。

他们坚信从经济上划分的阶级之间的不可调和的矛盾，其

[1] Karl Marx and Friedrich Engels, The Communist Manifesto (1848; London: Verso, 2012), p. 37.

[2] Robert Musil, The Man Without Qualities, Vol. I, trans. by Sophie Wilkins (New York: Vintage Books, 1995), p. 22.

中的一个阶级，即资产阶级，必须被消灭（made impossible）。[1] 法西斯主义者热爱战争和暴力，他们认为这是构建国家的净化力量。[2]“纳粹”寻求“雅利安人”对“不纯粹”的或“劣等”种族的征服，他们提出这样的挑战：“谁要想活下去，就得战斗。而谁要不想在这个充满永恒斗争的世界上战斗，他就不配活着。”[3] 理论批评家们相信“资产阶级的自由主义和宽容不过是掩盖统治欲的神话。”[4] 这些人物攻击言论自由只是一种“压迫性宽

---

[1] “由此可见，你们是承认，你们所理解的‘个人’，不外是资产者、中产阶级。这样的个人确实应当被除掉、被消灭。” (Communist Manifesto, p. 55) For a critique of the Marxian theory of class conflict, see “Classical Liberalism, Marxism, and the Conflict of Classes: The Classical Liberal Theory of Class Conflict,” in Tom G. Palmer, Realizing Freedom: Libertarian Theory, History, and Practice (second edition: Washington, D.C.: Cato Institute, 2014). 通过消灭阶级敌人来实现这种阶级冲突，与消灭财产权、市场交换和价格体系的尝试就这么结合在一起。当然，这种理论说的是一个普遍性的新阶级，即无产阶级将取胜并消灭阶级冲突，但现实是，新的阶级体系被创造出来，而国内外的冲突都经久不息，因为有选取更多敌人并与之战斗的需要，所有这些敌人都被认定为资产阶级或资产阶级的代理人。

[2] 如意大利法西斯理论家乔瓦尼·秦梯利（Giovanni Gentile）的法西斯主义起源于通过战争实现民族团结的学说：“参战（第一次世界大战）是通过流血来实现民族团结所必须的条件——战争被看作是巩固国家之道，因为只有战争能够做到这点，战争使全体国民形成了单一的思想、单一的情感、单一的热情和一种共同的希望，即所有人共同的渴望——有了这样的希望，个体的生活就与所有人的普遍生活相联系——而这就超越了任何人的特殊利益。追求战争是为了整合国家——为了将之变为一个真正的民族，这个民族有活力和有行动力，能实现自身价值并影响世界——它能以它自身的个性、自身的形式、自身的品质、自身的独创性载入史册，而不再依赖模仿他人的文化，不再生活在其他创造了历史的伟大民族的阴影之下。然而，要创造一个真正的民族，唯一的方法是致力于创造每一个精神现实：要努力奋斗直至牺牲。” Giovanni Gentile, Origins and Doctrine of Fascism, trans. By A. James Gregor (New Brunswick, NJ: Transaction Publishers, 2007), p. 2.

[3] Adolf Hitler Mein Kampf (“My Struggle”), Ralph Mannheim, trans.(Boston: Houghton Mifflin, 1943), p. 289.

[4] David Held, Introduction to Critical Theory: Horkheimer to Habermas (Berkeley: University of California Press, 1980), p. 160 [citing Nietzsche].

容”(repressive tolerance)。[1] 非自由主义学者的队伍假定了一系列的社会统治力量——包括阶级、性别、种族和其他类别——这些力量比我们周围活生生的“个人”更加活跃和真实(虽然终身教授们都得颇费力气才能正确地理解这些社会力量)。[2]

军国主义者为经济和道义上的好处而赞扬战争。[3] 新保守主义者坚持尚武的美德，将之视为一种崇高的理想，一种在国民

---

[1] Herbert Marcuse, “Repressive Tolerance”, in Robert P. Wolff, Barrington Moore, Jr., and Herbert Marcuse, A Critique of Pure Tolerance (Boston: Beacon Press, 1965).

[2] 学术界衍生了一些分支，宣称是要支持对文化霸权、商品化、物化等等进行广泛的斗争。这些主题或许值得研究，因为人类大部分历史都是以冲突和控制为特征。问题是，冲突能否得到减少、缓和或解决？或者冲突是人类的本性，甚至冲突就是人类的组成部分？拒绝自由主义、平等权利、言论自由和宽容的学派的一个实例是被称(主要是其批评者)为“性别女权主义”(gender feminism)的运动，该运动的主要理论家是凯瑟琳·麦金农(Catherine MacKinnon)，她倡导将情色文学入罪，对生产、销售或购买情色文学的人起诉并投入监狱。她说：“性欲……是一种权力。由社会所构造的性别将之具体化，而不是相反。女人和男人在性别上被区分开，社会对异性恋的要求构成了我们所知的两性，这种要求将‘男性处于统治地位，女性处于从属地位’制度化了。” Catherine A. MacKinnon, “Feminism, Marxism, Method, and the State: An Agenda for Theory”, Signs, Vol. 7, No. 3, Feminist Theory (Spring 1982), pp. 515–544, p. 533. In Toward a Feminist Theory of the State (Cambridge, Ma.: Harvard University Press, 1989), 她拒绝“性别中立”和“个人权利”，理由是“抽象的平等必然强化现实的不平等，在某种程度上，现实反映了一种不平等的社会安排”(p. 227)，且“将不同性别都视为‘个体’，意味着一个个独立的人好像不属于某一性别，这完美地掩盖了(性别)集合体的现实，掩盖了隐藏在个人权利意识面具之下的大量性别团体的现状。”(p. 227) 还可参见她将所有男性、女性的关系都等同于强奸的文章“Crimes of War, Crimes of Peace”, in Stephen Shute and Susan Hurley, eds., On Human Rights: The Oxford Amnesty Lectures 1993 (New York: Basic Books, 1993), “无论在哪里，塞尔维亚人侵略的事实无可否认，正如男性侵略女性的事实无可否认”。(p. 87)

[3] 如海军少将 S. B. 卢斯于 1891 年写道：“战争是影响人类进步最伟大的机构之一。虽然它带来苦难，尽管其实践令人深感遗憾，我们仍必须意识到，战争是自然经济规律的运作，是为了人类大家庭。它刺激国家发展，解决用其他方式无法解决的国内政治经济问题，并净化一个民族的体液。” Rear-Admiral S. B. Luce, United States Navy, “The Benefits of War”, The North American Review, Vol. 153, No. 421, Dec. 1891.

生活中“恢复英雄感”的机会[1][新保守主义者把“国家的伟大”（national greatness）作为一种目标，远比什么低俗、庸俗且非美国化的“对幸福的追求”更为伟大、崇高和具有价值]。现实主义者则断定，在国家或者更为广泛的文明之间存在着永恒的敌意，或至少是永恒的冷漠。[2]

神权主义者企图以暴力让所有的人拜倒在上帝（或诸神）脚下，所有的人都信奉一种信念、一种宗教、一种生活方式，如果这不可能，那么至少也要建立一个宗教政权，以此征服和羞辱其他宗教，同时，他们一般会驱逐或杀害那些没有宗教信仰的人。

许多反古典自由主义的当代批评家断定苏联的暴力不会多于其他任何制度下的国家，因为稀缺资源的所有决策制度都是将使用武力正当化，而不可能拒绝使用武力。[3]这种对自由主义老掉牙的批评至少可追溯到17世纪，当时罗伯特·菲尔默爵士（Sir Robert Filmer）执笔为绝对君主制的神圣权利辩护，他认为：

---

[1] William Kristol and Robert Kagan, “Toward a Neo-Reaganite Foreign Policy”, Foreign Affairs, July/August 1996, available at http://www.foreignaffairs.com/articles/52239/william-kristol-and-robertkagan/ toward-a-neo-reaganite-foreign-policy.

[2] 塞缪尔·亨廷顿设想一种“文明的冲突”，在《文明的冲突与世界秩序的重建》（*the Clash of Civilizations and the Remaking of World Order*）一书中（p. 207），他说“文明是终极的人类部落，而文明的冲突是全球范围内的部落冲突。在这个逐渐形成的世界，两种不同文明之间的国家和团体可能会形成有限的、临时的、战术性的联系和联盟来反对第三种文明的实体或实现其他共同的目标，以促进它们的利益。但是，源自不同文明的团体之间的关系几乎从不亲近，它们通常关系冷淡，而且还多有敌对”。

[3] See, for example, G. A. Cohen, “Freedom, Justice and Capitalism”, New Left Review, I/126 (March–April 1981), pp. 3–16.

世界上有很多人在谈论自由，他们说能在公益中发现自由。关于自由的这种说法在多大程度上及何种意义上是真实的，这是值得探究的问题："真正的自由是每个人去做他打算做的事，过他喜欢的生活，而不受任何法律的约束。"但是，在任何公益中都不会发现这样的自由，因为公共场所中的法律比其他任何地方都多，所以相应的自由最少；而很多人说，政府是剥夺自由的，它不会将自由赋予每个人。不可能会有这种自由，如果有的话，那根本就不会有政府。[1]

因此，根据这种思维方式，禁止"强奸"的政权与要求"强奸"的政权都一样具有强制性，因为反对强奸和强奸一样充满暴力。照此观点，全世界的暴力有一个不增不减的恒定总量。[2] 自由主义者坚决否定这种观点，并拒绝将强奸和反对强奸等量齐观。

---

[1] Sir Robert Filmer, "Observations upon Aristotle's Politiques", in Filmer, Patriarcha and Other Writings, ed. by Johann P. Sommerville (Cambridge: Cambridge University Press, 1991), p. 275. 约翰 · 洛克作为阐释现代自由主义思想的先哲，对此回应道："自由不是如菲尔默所告诉我们的，是每个人想做什么就做什么的自由。当其他任何人的一时高兴可以支配一个人的时候，谁能自由呢？自由是在他所受约束的法律许可范围内，能随其所欲地处置或安排他的人身、行动、财富和他的全部财产的那种自由，在这个范围内，他不受另一个人的任意意志的支配，而是可以自由地遵循他自己的意志。" John Locke, Two Treatises of Government, ed. Peter Laslett [Cambridge: Cambridge University Press, 1988], II, chap VI, § 57, p. 306.

[2] 如果从强奸受害人的角度考虑，这种主张是似是而非的。受害人不仅是在身体上遭到了侵犯，而且其意志也遭到了侵犯。受害人拥有其身体，该由受害人做出关于其身体的决定，还是应服从任何对其有欲望的人的意愿？并且，减少强奸绝不等同于增加强奸。

敌友之别

反启蒙运动拒绝古典自由主义和平解决冲突的观点，在对这一思想做出贡献的所有人之中，20 世纪最具有影响力的莫过于法学理论家卡尔·施密特（Carl Schmitt），其著作《政治的概念》（*The Concept of the Political*）在反自由主义的“右派”和“左派”中都产生了巨大的影响。他是“这一世纪中自由主义最具才华的敌人”。[1] 施密特认为，“具体的政治区别……可被简化为敌友之别。”[2]

施密特坚持自由主义者关于社会和谐的观点是错误的，错在认为交换在道德上可代替征服，错在认为辩论可代替战斗，宽容可替代仇恨，错在认为可以存在一个没有敌人的世界。对于施密特而言，冲突对政治本身具有决定性意义，而政治是人类的根本。他对 20 世纪的政治思想的影响是微妙的，而因为他不光彩和应受谴责的生平，他的影响往往不被承认。但他的核心理念贯穿了“左派”和“右派”双方的思想，他激励他们攻击宽容，攻击市场经济，攻击有限政府，攻击自由贸易，攻击和平。施密特的思想正促使法西斯主义思想在欧洲复现，比如

[1] Jan-Werner Müller, A Dangerous Mind: Carl Schmitt in Post-War European Thought (New Haven: Yale University Press, 2003), p. 1. Franz Oppenheimer and Joseph Schumpeter, two prominent classical liberals who wrote in German, were singled out for strenuous attack in The Concept of the Political (pp. 76–79).

[2] Carl Schmitt, The Concept of the Political, Georg Schwab, trans. And ed. (1932; Chicago: University of Chicago Press, 2007), p. 26.

莫斯科国立大学讲师亚历山大·杜金（Aleksandr Dugin）的著作，便是重述国家主义的意识形态，他只不过是稍加掩饰，以扩张主义的“俄罗斯”来替代“德国”，以“欧亚大陆”来替代“第三帝国”。[1]

对于施密特而言，“敌人不仅仅是一般冲突中的任何竞争对手或合作伙伴。敌人也不是某人所仇恨的私敌。只有当战斗的集体面对另一个相似的集体时，才存在（至少是潜在的）敌人”。[2] 实际上，“只有在真正的战斗中，才能揭示政治上区分敌友的最极端后果。从这种最极端的可能性中，人类生命发展出其具体的政治矛盾”。[3]

哲学家斯拉沃热·齐泽克（Slavoj Žižek）承认，“左派”和“右派”的反自由主义思想的特点都是信奉施密特的敌友之别，而作为一个“左派”，齐泽克认为“右派”和“左派”的区别在于，“右派”关注的是外部的敌人，而“左派无条件地将内在对抗（inherent antagonism）视为构成政治的首要问题”：

非常明显，激进的右派谈论的是阶级（或性别）的战争，而不是阶级斗争。施密特否认政治的最明显迹象是，他认为外部政治（主权国家之间的关系）是首要问题，这个问题比内部政治（社会内

[1] See Aleksandr Dugin, The Fourth Political Theory (London: Arktos, 2012)，该书吸收了除了反犹太主义（而代之以反同性恋和美国）纳粹理论的主要元素，与施密特的“大空间”理论密切相关。

[2] Carl Schmitt, The Concept of the Political, p. 28.

[3] Carl Schmitt, The Concept of the Political, p. 35. “国家作为决定性的政治实体拥有巨大的权力，它可以发动战争，并由此公开地处置人的生命。战争权包含了这种处置。这意味着双重的可能性：即命令其自身的成员准备去死的权利和毫不犹豫杀死敌人的权利。”（p. 46）

部的敌对）更重要。他坚持：“外部的敌对关系难道不是否认贯穿社会的是内部斗争的一种方式吗？”与施密特相反，一个“左派”的立场应当坚持无条件地将内在对抗视为构成政治的首要问题。[1]

这些思想家们，无论“左派”还是“右派”，都认为冲突（内在对抗）是人类生命不可分割的组成（甚至当代的中左进步主义思想家如约翰·罗尔斯，都将公民之间的内在冲突植入了他的社会正义理论之中，其形式是区分公民行为的正义与整个社会秩序的正义，即使当“每个人都有理由相信，其行为公正且严格履行了管理协议的规范……即使个人都公正行事，背景正义（background justice）仍多会被侵蚀。分别独立的交易的总体结果是偏离而不是趋向背景正义”。[2] 换言之，社会群体之间的利益冲突根植于正义本身的结构之中，因为虽然规定每个人的行事都必须符合其权利，符合正义规则，但其结果本身却是不正义的，是冲突的，因此国家必须干预，以对社会施加一种新的正义，这种主义完全独立于人与人之间的正当行为规则）。

第二次世界大战之后的那些年，极左翼出版界兴起了“卡尔·施密特产业”。颇有影响的杂志《目的》（*Telos*）信奉施密特的政治理论基础，以进行其反自由主义的计划。[3] 在这场针对自由主义

[1] Slavoj Žižek, “Carl Schmitt in the Age of Post-Politics”, in The Challenges of Carl Schmitt, Chantal Mouff ed. (London: Verso, 1999), pp. 18–37, p. 29.

[2] John Rawls, Political Liberalism (New York: Columbia University Press, 1993), p. 267.

[3] Saul Anton, “Enemies: A Love Story”, Lingua Franca, May/June, 2000.

与和平的影响广泛、尖锐且猛烈的攻击中，施密特的思想起到了核心作用。意大利“左派”作家安东尼奥·奈格里（Antonio Negri，他因在意大利参与暴力犯罪——包括谋杀——而曾入狱服刑）和美国文学理论家迈克尔·哈特（Michael Hardt）将他的作品誉为“新共产党宣言”。[1] 奈格里和哈特的著作《帝国》(*Empire*) 实在是冗长乏味，此书恰在袭击纽约双子塔的“911 事件”之前由哈佛大学出版社出版。书中预测到了这种攻击，并号召向“全球资本”进攻，它将敌人定义为“我们称之为‘帝国’的这种代表全球关系的特定政权”[2]，

---

[1] See the treatment in Jan-Werner Müller, A Dangerous Mind: Carl Schmitt in Post-War European Thought, pp. 229–232.

[2] Michael Hardt and Antonio Negri, Empire (Cambridge, Ma.:Harvard University Press, 2001), p. 45–46. 该书预测了本拉登对世贸双塔和五角大楼发起自杀式攻击，这可能是该书很快便销声匿迹的一个原因。See Lorraine Adams, “A Global Theory Spins on an Altered Axis: ‘Empire’ Author Michael Hardt in Wake of Attacks”, Washington Post, September 29, 2001. 奈格里和哈特在书中推断：“或许扩展其产品和控制的全球网络的资本越多，任何对之反抗的奇点就会越有力量。仅仅通过将其自身的力量和精力集中于一个紧密的圈子中，这种曲折的奋斗就会打击到帝国秩序的最高节点。”(p. 58)

奈格里和哈特对国际贸易和跨国非政府机构深感悲哀，他们认为这会导致“自治性政治范围的衰落”。他们将自治性政治范围等同为民族－国家，这意味着他们并不拒绝而是相信施密特的理论。他们坚持认为，朋友的对面就是敌人，这只不过是把施密特的理论转移到“超越民族的层面”。(pp. 307–309)

他们以典型的晦涩难懂的语言，号召完全彻底地压制言论自由：“真正的革命性实践所指的是生产水平。真理不会让我们自由，而控制真理的生产会让我们自由。流动性和混杂性不是解放，而控制流动和停止，控制纯净度和混和度才是解放。帝国真正的真理委员会将是群众的国民大会，是生产真理的社会工厂。”(p. 156)

古怪而冲动的马克思作家拉沃热·齐泽克信奉施密特的方式，甚至认为自由民主主义都必须接受施密特的方式——“我们多元宽容的自由民主主义仍深刻地保持着施密特的思想，它仍然依赖政治性的、想象的超验力量来为他们提供合适的方式，将可见的敌人变为不可见的敌人。他们远未终止敌友的两分法，而是将敌人定义为多元宽容的主要反对者，这仅仅是使其自身扭曲得更加厉害。” Slavoj Žižek, “Are we in a war? Do we have an enemy?”, London Review of Books, Vol. 24, No. 10, May 23, 2002.

它将激进的伊斯兰原教旨主义仅仅视为另一种形式的后现代主义，这种说法令人心寒，而它呼吁“群众的潜力”，“以其自身的生产力来破坏和摧毁后现代司令部的寄生秩序”[1]（书中几乎没有一句话是清楚明白的，无疑这是因为作者哲学中的极端暴力和仇恨，乔治·奥威尔曾解释“当一个人的真实目的和所宣称的目之间存在鸿沟时，他便会本能地转向冗长的词汇和夸张的成语，就像乌贼喷墨一样来掩盖自己的真实目的”[2]）。

奈格里和哈特的灵感源自施密特为第三帝国辩护的臭名昭著的“大空间理论”到地缘政治关系。施密特认为，“德国法理学的任务是要摆脱错误的选择。一方面，不能仅保守地维持迄今流行的着眼国家之间的思考方式；另一方面，也不能“非政府、非民族”地过分扩张，形成如同西方民主国家建立的普遍性的全球法律，二者皆不可取。它必须在这两者之间发现一种伟大且具体的空间秩序的概念，这种概念既能适应于全球的空间范围，也能适应我们关于国家和民族的新概念。”[3] 正是这种“非政府、非民族地过分扩张，形成了像西方民主国家所产生的普遍性的全球法律”，这也被奈格里和哈特称为“帝国”，并力

[1] Michael Hardt and Antonio Negri, Empire, pp. 65–66.

[2] George Orwell, “Politics and the English Language”, in George Orwell, A Collection of Essays (New York: Harcourt, 1981), (p. 167)

[3] Carl Schmitt, “The Großraum Order of International Law with a Ban on Intervention for Spatially Foreign Powers: A Contribution to the Concept of Reich in International Law (1939–1941)”, in Carl Schmitt, Writings on War, Timothy Nunan, trans. (London: Polity Press, 2011), pp. 75–124, p. 109.

求用暴力将之摧毁。

施密特的政治思想和概念也缠绕在“极右”和新保守主义的思想中，后者主要是通过对施密特有重要影响的里奥·施特劳斯（Leo Strauss）及施特劳斯在美国富有影响力的追随者们施加影响，[1] 如白宫前顾问威廉·克里斯托（William Kristol），他是《旗帜周刊》（*Weekly Standard*）的编辑和伊拉克战争的设计者之一，[2] 以及

---

[1] 不少著作都讨论过施密特和施特劳斯之间的关系，其中许多都围绕着施特劳斯赞美法西斯主义的问题来论述。See Leo Strauss, “Notes on Carl Schmitt, The Concept of the Political”, Postscript to Carl Schmitt, The Concept of the Political, pp. 97–122; Heinrich Meier, Carl Schmitt and Leo Strauss: The Hidden Dialogue (Chicago: University of Chicago Press, 2006); and C. Bradley Thompson, with Yaron Brook, Neoconservatism: An Obituary for an Idea (Boulder: Paradigm Publishers, 2010), esp. chapter 9, “Flirting with Fascism”. 还有件事是施特劳斯于1933年5月19日的信［是在纳粹于德国获胜后从巴黎写给卡尔·洛维特（Karl Löwith）的信］。施特劳斯写道：“糟糕的是，全德国的犹太无产阶级知识分子都待在巴黎。他很想回到德国，但是他也指出，犹太人在德国不再受到欢迎。他补充道，显然已转向极右的德国不会再容忍他们（洛维特也是犹太人）。”“daraus, dass das rechts-gewordene Deutschland uns nicht toleriert, folgt schlechterdings nichts gegen die rechten Prinzipien.”“相反，”他写道，“只有以正确的原则——法西斯主义、独裁主义、帝国主义的原则，才能堂堂正正地与整个可悲的混乱作战，而无需诉诸滑稽可怜‘人类不可剥夺的权利’。”他补充道，而这真正是对已死亡的自由主义的落井下石：“只要真正罗马精神的光芒还在世界的某处闪烁，就没有理由懊悔地匍匐在地；而无论如何，犹太人居住区都比任何形式的十字架更好。”Letter of May 19, 1933 from Leo Strauss to Karl Löwith, in Leo Strauss, Gesammelte Schriften, Band 3, Hobbes’s Politische Wissenschaft und Zugehörige Schriften—Briefe, second revised edition, ed. by Heinrich and Wiebke Meier (Stuttgart: Verlag J. B. Metzler), pp. 624–626. 施特劳斯的辩护者意识到要撇清这封信中的说法有些麻烦，但是他既然明确地为“法西斯主义、独裁主义、帝国主义原则”乞灵，那么他就很有可能指的是墨索里尼已在罗马建立的法西斯国家。墨索尼里正企图建立一个“新罗马帝国”，而在当时，他是希特勒和纳粹的对手而非盟友，而且在当时，其国家意识形态中并未包含反犹主义。

[2] Robert Kagan and William Kristol, “What to Do About Iraq”, The Weekly Standard, January 21, 2002, available at http://www.weeklystandard.com/Content/Public/Articles/000/000/000/768pylwj.asp

《纽约时报》的专栏作家大卫·布鲁克斯（David Brooks），他号召“国家之光荣的保守主义”（national greatness conservatism）[1]。这种保守主义较为缓和的形式是要求建造巨大的国家纪念碑以彰显国家的伟大，其更为激进的形式则是公开呼吁战争。新保守主义者是入侵伊拉克背后的主要驱动力量，而且几乎每一回合都在施压要进行军事对抗。按照威廉·克里斯托尔（William Kristol）和罗伯特·卡根（Robert Kagan）的说法，发动战争将恢复“心中真正的保守主义”，这种保守主义“应当强调个人和国家双方的责任，享受参与国家事务的机会，拥抱国家荣耀的可能性，并恢复英雄情怀，而这在近年来的美国外交政策和美国保守主义中都非常缺乏”。[2]

施特劳斯评价了施密特的著作，并建议他修订思想。施特劳斯评论1932年版的《政治的概念》，并得出结论，即施密特并没有充分拒绝自由主义，他仍然陷入了自由主义建立的范畴。施特劳斯认为，“我们说，施密特是在自由主义的世界里批判自由主义。因此，我们认为，他对自由主义的批判仍是产生在自由主义的视野之内；他非自由主义的趋向仍然受到未被征服的‘自由主义思想体系’的约束。所以，施密特引入的反自由主义的批判只有在成功地超越了自由主义的视野之后才能完

[1] David Brooks, “A Return to National Greatness: A Manifesto for a Lost Creed”, The Weekly Standard, March 3, 1997.

[2] William Kristol and Robert Kagan, “Toward a Neo-Reaganite Foreign Policy”.

成。"[1] 于是，施密特致力于此。在 1933 年的版本中（该版本是在希特勒成功上台后出版，但在战后被禁，本书后续的版本是 1932 年版的重印），施密特赞同国家主义，其反犹太主义的态度也更鲜明，而且以明显的种族术语来表达敌友之间的冲突。[2] 正是一位犹太知识分子具有穿透力的批评，说服并鼓励了一位德国知识分子成为狂热的纳粹分子和第三帝国的"首席纳粹法学家"[3]，这真是太令人不安的讽刺了。

自由贸易对于施密特而言，不是战争的和平替代物，而仅仅是掩盖另一种形式更为残酷的剥削。"人道的概念是帝国主义扩张的一种非常有用的意识形态工具，而其伦理人道主义的形式（ethical-humanitarian）则是经济帝国主义的特殊手段。"[4] 就这

[1] Leo Strauss, "Notes on The Concept of the Political", reprinted in Carl Schmitt, The Concept of the Political, pp. 97–122, p. 122. The influence of Strauss on Schmitt has been described in Heinrich Meier, Carl Schmitt and Leo Strauss: The Hidden Dialogue. Those who have brushed off Schmitt's services to the Third Reich as mere careerism or opportunism should read more of Schmitt's suppressed writings, such as "Der Führer Schützt das Recht" ("The Leader Guards/Protects the Law"), published in the Deutsche Juristen-Zeitung (August 1, 1934; available at http://www.flechsig.biz/DJZ34_CS.pdf), which was published after Hitler's execution of hundreds of opponents, and the eye-opening (and stomach churning) chapters on Schmitt in Yvonne Sherratt, Hitler's Philosophers (New Haven: Yale University Press, 2013) and Emmanuel Faye, Heidegger: The Introduction of Nazism into Philosophy, (New Haven: Yale University Press, 2009), as well as Raphael Gross's Revelations and Analysis in Carl Schmitt and the Jews: The "Jewish Question," the Holocaust, and German Legal Theory (Madison: University of Wisconsin Press, 2007).

[2] See the Discussion in Emmanuel Faye, Heidegger: The Introduction of Nazism into Philosophy, op. cit., pp. 158–162.

[3] Ludwig von Mises, Omnipotent Government: The Rise of the Total State and Total War (1944; Indianapolis: Liberty Fund, 2011), p. 106, available at http://files.libertyfund.org/files/2399/Mises_OmnipotentGovt1579_LFeBk.pdf.

[4] Carl Schmitt, The Concept of the Political, p. 54.

样，自由主义普遍人权的概念被认为与其敌友之别的理论不相容而被排斥：

> 人道不是政治性的概念，也没有政治实体或共同体和状态与之相对应。18世纪的人道主义的概念是对当时所存在的贵族—封建制及其附随特权的辩证否定。依据自然法与自由个人主义的教义，人道是一种普遍的（涵盖所有人的）社会理想，是一种个人之间的关系体系。这也只有在斗争的真实可能性被排除，以及所有的敌友分类已不可能的情况下才会存在。在这种社会中，不会有以政治实体形式而存在的国家，没有了阶级斗争，也就没有敌人之界分。[5]

自由主义的观念，如普遍人权、宽容、言论自由、贸易自由及旅行自由，对施密特都毫无吸引力。

> 所有自由主义的矫情都转向反对压迫，反对缺乏自由。每一次对个人自由、私有财产和自由竞争的侵蚀或威胁都被称为压迫，其本身就是罪恶。这种自由主义对国家、政府和政治的承认仅限于保障自由的环境及消除对自由的侵犯。由此，我们得到了一个以非军事化和非政治化概念构成的制度。[6]

[5] Ibid., p. 55.
[6] Ibid., p. 71.

对施密特而言（对施特劳斯、荣格尔和其他同一传承的人也同样如此），一个“非军事化和非政治化”的世界也就是一个不能当真的世界，这种世界纯粹就是开玩笑。真实的人类世界是政治化的世界，而“政治是最激烈也最极端的对立，而每一具体的对立越接近其最极端的那点，也就越接近敌友分野的那点，也就变得越加政治化。”[1] 不管敌人是外部的还是内部的，敌友分野都是左右双方生活之焦点。泰坦尼克号与英雄军队必须在更有价值、更高级、更高贵的斗争中相互对垒，而不是纠缠于娱乐、商业、贸易、家庭、爱情，与政治相比，所有这些都不能当真。在严肃的政治生活中，留在内心深处的和平合作、宽容以及多元生活——所有自由主义的价值——都必须受到抑制，而社会力量必须致力于击败敌人。

1914 年观念

我们代替了神圣的死者之记忆。我们相信我们肩负着我国人民真实的精神福祉。我们代表着未来和现在。纵然外部的力量和内部的野蛮聚成了沉沉阴霾，但只要利剑之刃将在黑夜中迸发出火花，我们就可以说：德国万岁！德国永不败！

——恩斯特·荣格尔[2]

[1] Ibid., p. 29.

[2] Ernst Jünger, The Storm of Steel, from the Diary of a German Storm-Troop Officer on the Western Front, p. 319.

在这场知识运动中，施密特是极为重要的人物，还包括其他很多深受“1914 年观念”影响的人。“1914 年观念”这个概念的出现是为了庆祝 1914 年第一次世界大战爆发。这一年的欧洲陷入了集体疯狂，导致数百万人丧命。[1] 这种战争经验在世界范围内产生了巨大影响，不仅仅是对政治事务（如集中了美国政府的权力）的影响，更产生了对冲突、组织和战争的狂热崇拜。恩斯特 · 荣格尔的辉煌巨著《钢铁的风暴》（*Storm of Steel*）正是反映这种传统的佼佼者（荣格尔也是施密特的亲密笔友，他们保持频繁的通信联系超过 50 年）。[2]

荣格尔与他的朋友和笔友施密特一样，也是知识界的重要人物，他也影响了反自由主义的“左派”和“右派”双方的价值和观念。[3] 他记录了他作为一名冲锋队员在一战中的经历，成了“1914 年观念”的诠释者，特别是其军国主义的集体主义。在《钢铁的风暴》一书中，荣格尔赞美通过战争来解决斗争和冲

[1] “1914 年观念”这一提法因马克思主义作家约翰 · 普兰格 1916 年的著作“1789 und 1914: Die symbolischen Jahre in der Geschichte des politischen Geistes”而得以流行开来。在书中，他宣称：“在战争的必要性之下，国家主义的观念被置入了德国的经济生活，可以断言；我国为人类带来了 1914 年观念，这是关于德国组织的观念，即以民族为单元的国家主义。” Quoted in F. A. Hayek, The Road to Serfdom (1944; London: Routledge & Kegan Paul, 1979), p. 127.

[2] Briefwechsel, Briefe 1930–1983 Ernst Jünger/Carl Schmitt, Helmut Kiesel, ed. (Stuttgart: Klett-Kotta, 2012)

[3] Jünger’s 100th birthday was celebrated with a letter from French Socialist president François Mitterand, who had himself switched during the war years from service to the Vichy-Fascist regime to the socialists when it became clear which side was going to win the war. The letter can be found at http://www.ernst-juenger.org/2012/05/francois-mitterand-to-ernst-junger-on.html.

突。其隐含的对比是和平生活的无聊和无趣，诸如制造和销售产品、听音乐会和戏剧，去实验室或艺术画廊，追求科学知识，与好友一起享受上好的啤酒，这些纯粹是毫无意义、缺乏严肃性的生活。资产阶级的生活平淡乏味，而唯有在斗争的生活、暴力下充斥死亡的生活、战争的生活中，一个人才能真正地活着。

如果有人反对，认为我们属于原始暴力的时代，我们的回答是：虽然我们站在泥土和鲜血之中，但我们仰首朝向那些价值崇高的事物。而无数的人在我们的进攻中倒下，没有人是白白牺牲。每个人都实现了他自己的意志。

…………

一旦不再能够理解一个男人如何要为他的国家牺牲生命——而这种时候会来到——那么这种信念也就全都付之流水，祖国的观念从此死亡。那么，我们这些人也许会被羡慕，正如我们羡慕圣人内心里那些不可抗拒的力量一样。[1]

这就是荣格尔和其他许多人对战争的看法，但这很可能不是其他数以百万计的士兵的看法，他们淹没于硝烟之中，他们的肺被芥子气点燃，他们大口大口地咳血死去，他们永远见不到他们的妻子、孩子、心上人和朋友。《西线无战事》（*ll Quiet on the Western Front*）中，埃里希·玛利亚·雷马克（Erich Maria

[1] Ernst Jünger, ibid., p. 317.

Remarque）所描述的战争就全然不同。荣格尔受到了推崇，而雷马克的书却被纳粹烧掉了，他的妹妹被纳粹的“人民法庭”（Volksgerichtshof）的一位“法官”砍头处死，这位“法官”宣称：“你哥哥跑了，但你跑不掉了。”[1]

荣格尔不是单纯的艺术家，通过对暴力、冲突和组织的美学的欣赏和赞美，他成了极权独裁的积极推动者。他为独裁代言：

> 当然，真正的革命尚未发生，但真正的革命却不可阻挡。它绝不保守，它是一场具备所有革命特征和表现的真实革命；它的理念是民众之理念，磨砺着未知的锋芒；它的旗帜是万字旗；它的外在表达是将意愿集中于单纯的一点——独裁！独裁将以行动代替语言，以鲜血代替墨水，以牺牲代替叙述，以剑代替笔！[2]

---

[1] 详情是：“我们判处你死刑，是因为我们不能逮捕你哥哥，你必须为他而承受这结果。” In Hilton Tims, Erich Maria Remarque: The Last Romantic (New York: Carroll & Graf, 2003), p. 143.

[2] “Die echte Revolution hat noch gar nicht stattgefunden, sie marschiert unaufhaltsam heran. Sie ist keine Reaktion, sondern eine wirkliche Revolution mit all ihren Kennzeichen und Äußerungen, ihre Idee ist die völkische, zu bisher nicht gekannter Schärfe geschliffen, ihr Banner das Hakenkreuz, ihre Ausdrucksform die Konzentration des Willens in einem einzigen Punkt—die Diktatur! Sie wird ersetzen das Wort durch die Tat, die Tinte durch das Blut, die Phrase durch das Opfer, die Feder durch das Schwert.” Ernst Jünger, “Revolution und Idee”, Völkischer Beobachter (advertised as the “Fighting Paper of the National Socialist Movement of Greater Germany”), September 23/24, 1923, in Helmuth Kiesel, Ernst Jünger: Die Biographie (München: Siedler Verlag, 2007), p. 268.

"总动员"（Total Mobilization）的概念是荣格尔在其1930年的文章中引入的，这被视为集体主义在技术上有了可行性，这让德国那些反自由主义的集体主义者欢欣鼓舞［马丁·海德格尔（Martin Heidegger）也在其中］。他称赞道，"'个人自由'的日益缩减，显然，'个人自由'是一种一直受到怀疑的特权"；他惊叹苏联的奇迹，"这是第一次，苏联的'五年计划'向世人展示了将一个伟大帝国的集体能量导入一条单行道的尝试"；他提到，"总动员"完全是"这个时代赋予我们的更高级动员的一种谕示。"[1]

选择独裁，选择除自由主义之外的任何东西，显现了集体主义阵营里对手之间的深厚情谊。荣格尔日后曾追忆他早年亲苏的态度（在为第三帝国效力之前）。他说：

我曾对这种计划，这种计划的理念非常感兴趣。我对自己

[1] Ernst Jünger, "Total Mobilization", trans. Joel Golb & Richard Wolin in Richard Wolin (ed.), The Heidegger Controversy: A Critical Reader (Cambridge, MA: MIT Press, 1998), pp. 119–139, p. 127, p. 134. 本尼托·墨索里尼早先曾阐释了以组织化来替代自由主义的理念："从此以后，显示于所有未被教条主义蒙蔽的人面前的真理，便是人类可能已厌倦了自由。他们曾享有自由的狂欢。在今天，自由不再如上世纪上半叶那样，是一代代人战斗牺牲所追求的纯洁而严厉的处女。今天的年轻人（勇敢的、热情的、坚定的年轻人）面对的是新时代的黎明。另有词汇展示了更为强大的魅力，这些词汇是：秩序、等级、纪律……那么我们知道，从始至终，法西斯主义没有偶像，没有迷信。它已经碾过了自由女神那已腐烂的躯体，而如果需要的话，它可以静静地转身并再次碾过。" The Life of Benito Mussolini, by Margherita G. Sarfatti, Introduction by Signor Mussolini, Frederic Whyte, trans. New York: Frederick A. Stokes Company, 1925. pp. 328–329 (quoting an article of May 1923 by Mussolini in the publication Gerarchia).

说："就算他们没有宪法，他们确实有一个计划。这可能是件了不起的事情。"[1]

荣格尔及其圈子里对集体主义的赞誉，值得与苏联作家瓦西里·格罗斯曼（Vasily Grossman）大相径庭的反应进行对比。格罗斯曼在集体主义的组织中成长，但却转而拒绝集体主义。他清楚地认识到法西斯和纳粹的基本一致性。格罗斯曼曾是报纸《红星报》（*Red Star*）的作者，他是记录第三帝国死亡集中营之一特雷布林卡（Treblinka）解放经过的第一人。格罗斯曼从不曾在自由社会生活过，却逐渐理解并向往自由。他的小说《生存与命运》（*Life and Fate*）在他生前未能出版。该书一完成，便连同打印该书的打字机一起被克格勃扣押了。在《生存和命运》一书中，上校彼得·帕夫洛维奇·诺维科夫（Pyotr Pavlovich Novikov）在检阅其麾下受命集合的士兵时意识到：

人类团体有一个主要的目的：主张每个人都有权成为不同的人，成为特殊的个体，有权以他或她自己的方式思考、感受和生活。人们联合起来，是为了争取或捍卫这一权利。但正是因此而产生了一个可怕的致命错误：相信在种族、上帝、政党或国家的名义下的集团是生命的根本目的，而不仅仅是实现某一目的的一

---

[1] In Julien Hervier, The Details of Time: Conversation with Jünger (New York: Marsilio Publishers, 1995), p. 69.

种手段。不！生存斗争的唯一真实且持久的意义在于个人，在于其适度的特殊性，以及他保持这些特殊性的权利。[1]

集体主义意识形态无论是“左派”还是“右派”，都对这种“适度的特殊性”无动于衷，他们决心为了其更宏大的理由与斗争，而征召并组织我们其余的人。

荣格尔的影响仍在持续。在《纽约时报》的新保守主义作者大卫·布鲁克斯（David Brooks）的作品中，可以非常清晰地听见荣格尔的声音。在2010年8月23日题为“精神勇气之实例”的专栏中，布鲁克斯引用了小说家范尼·伯尼（Fanny Burney）对无麻醉切除乳房手术的可怕经历的描述（“然后，我感觉到手术刀在胸骨上嘎嘎直响——从骨头上刮过！”），他赞扬这种不一般的体验，赞扬她回顾每个细节的“英雄主义”（如果她希望成为一个有个性有勇气的人，这会是一个艰巨但必要的考验）。布鲁克斯与荣格尔1934年的一篇颇有影响的文章《论痛苦》（On Pain）相呼应，文中反驳了启蒙运动的进步，并表示：“由自足且自律的个人组成的世界已经终结，这带有一定的必然性。而其价值体系，如果仍普遍存在的话，其关键的要点也都已被推翻，或被其自身后果驳倒。”[2]

---

[1] Vasily Grossman, Life and Fate: A Novel, trans by Robert Chandler (New York: Harper & Row, 1987), p. 230.

[2] Ernst Jünger, On Pain, David C. Durst, trans. (1934; New York: Telos Press Publishing, 2008), p. 17.

正如布鲁克斯所言："英雄主义不仅存在于战场或公众场合，更存在于头脑之中，存在于直面令人不快的想法的能力之中。"而且，与施密特、荣格尔和施特劳斯相呼应，布鲁克斯也埋怨自由资本主义："现在已少有人谈论罪恶与软弱。资本主义也已经削弱了这种精神。在媒体争夺眼球的竞争中，每个人都因生产欢乐且正面的内容而受到奖励。"生活被简化为只有"欢乐且正面"的内容，而缺少英雄气概，这种调子与施特劳斯和施密特指责自由社会缺少严肃性遥相应和。布鲁克斯也热切拥护参与伊拉克的战争，在他的作品中，他对新保守派同伴罗伯特·卡根（Robert Kagan）和威廉·克里斯托尔（William Kristol）的号召大加赞扬。卡根和克里斯托尔号召通过使用武力"遏制或摧毁世界上的许多怪物"来恢复美国的"英雄感"。[1]

集体主义传统的继承人根本无法想象，一个国家不需要战争、暴力和敌对，它只要通过保护个人权利，保护个人有安享适度特殊性的权利，就能成为伟大的国家。对这些人而言，没有英勇斗争的生活不是严肃的生活，是毫无意义的生活。这种战争美化的价值观，为焚烧数百万人的生命提供了燃料。

战争并非不可避免

很快，就不会有穷人傻乎乎地去打仗。不是因为打仗变成了

[1] William Kristol and Robert Kagan, op. cit.

无利可图，打仗从来都无利可图；而是因为在伟大的自由主义者的教导下，社会意识已经发展。自由主义者始终主张和平。自由通向和平，而权力导致战争。热爱自由的人们愿意去比较，去比较主张自由之人的生活与主张权力之人的生活，去比较致力于拯救之人的生活与致力于破坏之人的生活。

——查尔斯·T. 斯普瑞丁（Charles T. Sprading）[1]

1913 年，在那场极为致命且极具破坏性的战争于欧洲爆发之前不久，一位美国的自由主义者先发制人地反驳了伍德罗·威尔逊总统以后的花言巧语。这位美国总统将美国带入了他称之为"终战之战"（war to end all wars）的世界大战中。查尔斯·T. 斯普瑞丁问道：

如何阻止战争？是通过参战来阻止战争吗？流血能通过流血来阻止吗？不！阻止战争的方法是停止参与战争。[2]

当时，自由主义者的声音没有得到重视，从而付出了数以百万计的生命代价。那时的潮流已转向反对自由，如自由主义记者 E. L. 戈德金（E. L. Godkin）已在上一个世纪之交做出的警告：

---

[1] Charles T. Sprading, Liberty and the Great Libertarians (1913; New York: Fox & Wilkes, 1995), p. 29.

[2] Ibid., p. 28.

> 只剩了少许人，其中大多是老人，仍坚持自由主义的信条，而当他们辞世后，自由主义将再无支持者……神权的古老谬误又一次宣告了其毁灭性的力量，在再次否定这种谬误之前，必然会有一场规模极大的国际斗争。[1]

戈德金在短期内是对的，而斯普瑞丁错了，但他们两人都看到了更长的时期内和平的希望。潮流又再次转变，转为自由的思想。每块大陆的自由主义者都在为和平的世界而努力，为思想自由、言论自由、信仰自由、爱情自由、结社自由、旅行自由、工作自由和贸易自由而努力。全球经济的增长已削弱了战争的动机，而增加了和平的机会。

现在是轮到我们来否定，彻底地、永远地否定统治者、政客和军阀以牺牲他人生命为基础的现代神权理论的时候了。用彼得·帕夫洛维奇·诺维科夫上校的话说，到了“主张每个人都有权成为不同的人，成为特殊的个体，有权以他或她自己的方式思考、感受和生活”的时候了，到了实现所有人都享有和平的世界的时候了！

---

[1] E. L. Godkin, “The Eclipse of Liberalism”, The Nation, August 9, 1900. Note: An index for the volume is available at http://studentsforliberty.org/peace-love-liberty-index.

附录

和平之歌

The Militarization of Policing

在每个人的手中，在延绵不绝融入远方的无数屋顶上、阳台上，一大片旗帜在飘扬，它们在阳光下闪烁着光芒。白天，年轻的志愿兵从大道上行军经过，他们身着新制服，快乐而健康。当他们经过时，骄傲的父母、姐妹与爱人为他们欢呼，声音因欢乐而哽咽。夜晚，人头攒动的聚会中，民众聆听着爱国者的演讲，为之鼓掌。演讲触动了他们内心最深处的情感，短暂的间歇中掌声雷鸣，人们的脸颊上也是热泪滚滚。

The Art of War

战争的艺术

莎拉·斯克瓦尔

文学和诗歌如何让我们看见隐藏在战争场面背后的东西？比起帮助我们理解战争的统计学家、历史学家和记者，诗人有什么优势？莎拉·斯克瓦尔（Sarah Skwire）是大学写作教材《论文写作》（*Writing with a Thesis*，目前是第11版）的作者，她的诗歌多次获奖，并刊登于《新规范》（*The New Criterion*）、《牛津杂志》（*The Oxford Magazine*），《语言评论》（*the Vocabula Review*），以及其他刊物。

这位不知名的孩子几乎淹没在莎士比亚《亨利五世》一剧的宏大历史事件和史诗人物中，在人物表中，他仅仅被称为"童儿"。当英国人准备投入老朋友即现在的国王发起的对法战争时，"童儿"正与哈尔从前的同伴四处闲逛。我们很少注意到戏中小男孩极少的戏份，直到第四幕快结束时，他帮助喜剧人物毕斯托尔（Pisto）翻译了一些法语，然后转而告诉观众，"我必须与仆人们一起留在这里照看我们营中的行李，如果法国人知道的话，他们或许会把我们当成好猎物——因为这里无人看守，只有一些男孩。"

而这是我们最后一次听到这个男孩说话，因为法国人的确知道无人看守。守护行李的男孩们被屠杀，而这种"彻头彻尾的流氓行径"是该剧中又一个血淋淋的场景，这些场景在权衡战争的荣耀与恐怖之间盘旋。

但是，为什么莎士比亚要花时间加上这一幕？为什么要在阿金库尔战役之中停下来？看在老天的份上，为什么要让一个将死的无名孩子额外多说几句话？

我认为，答案在于我们需要这个男孩的故事，需要我们对这个故事做出恐惧反应，由此对亨利四世第一部中福斯塔夫对士兵麻木不仁的态度免疫。“咄，咄！像这样的人就是拿来供枪挑；都是些炮灰，都是些炮灰；叫他们填填地坑，倒是再好不过。咄，这些人，都是要死的人，都是要死的人。”我认为，这答案在于莎士比亚明白文学作品能做到的最有力的事之一就是——在整体的匿名的战争体验之中——让我们听见个体的声音。对为了消灭战争而打算研究和理解战争的古典自由主义者而言，正是这种能力使文学作品弥足珍贵。

战争将我们匿名化并不是一个新观点。奥威尔对此一清二楚，他的小说《1984》描写了一个“始终处于战争状态”的世界，我们可以看到，全新的社会秩序被创造出来以帮助这种匿名化。这个社会秩序阻止男人和女人形成亲密的关系，所有的活动都是集体活动。有无时不在的监视，不允许任何人有私人空间，也不允许有任何个性化的财产，所有这些都致力于将人类个体打造成可以相互替代的单元。

当瓦茨拉夫·哈维尔（Vaclav Havel）描写后极权主义的国家时，他也能轻易地描述处于战争中的国家：

在后极权制度的目标和生活的目标之间，有一道撕裂的深渊——生活的本质是向着多元化、多样化，独立的自我建构以及自我组织发展。总之，是向着自身自由的实现发展；而后极权制度要求整合、统一和纪律……只有出于保证人民效力于该制度，该制度才为人民服务。任何超出这一范围的事情，也就是说，导致人民超越其预设角色的任何事情，都会被该制度视为对制度本身的攻击。

有作者发出声音，反对战争和战争中国家的这种匿名化的破坏性暴力。

马克·吐温在《战争祈祷》（*The War Prayer*）中运用了文学的这种力量。在文中，神圣的先知提醒集会的人群，他们祈祷胜利，也就是祈祷他人的毁灭：

主啊！我们的上帝，请帮助我们，用炮弹将对方士兵撕成血淋淋的碎片；请帮助我们，用他们爱国者的苍白尸骸将其美好的原野覆盖；请帮助我们，让他们痛得打滚的伤者发出的尖叫盖过我们枪炮的轰鸣；请帮助我们，用烈焰的飓风席卷他们简陋的家园；请帮助我们，以无助的忧伤折磨无辜寡妇的心灵；请帮助我们，让她们带着孩子们无家可归，无依无靠地流浪……向上帝祈求坟墓为庇护之所而不可得。

当敌人不再是无名群众时，朝他们开枪就会难得多。

而当一个人不再是无名群众中的一员时，他要向别人开枪也就难了。这就是为什么组织化如此重要。亨利·里德的诗歌《悠闲春日》写于第二次世界大战期间，诗中向我们展现了一个武器操练的课堂。在课堂上，新兵们正被训练为士兵。教官低沉单调的声音和组织化的教导与教室外的美丽春光和自然野趣形成了强烈的对比。

今天，我们知道了各部件的名字。
昨天，我们仔细地清洗枪械。
明天早晨，
我们会练习开火后该做什么。
然而今天，
今天我们知道了各部件的名字。
四周的花园里，薇菜上的露珠像珊瑚一样晶亮。
而今天我们知道了各部件的名字。

但是，匿名化战争的险恶之处不仅仅因为它消灭了个体，而将他们变成了不可区分的、可以互相交换的“部件”。当这些“部件”去打仗时，所发生的事是如此恐怖。

而这正是作家的声音最为重要之处，也正是曾亲身参战的作家的声音最为宝贵之处。其中最伟大的声音之一来自威尔弗雷德·欧文（Wilfred Owen），他在第一次世界大战前线写下的诗歌是为了反对战争而强调战争的匿名性。他的《青春挽歌》（*Anthem for Doomed Youth*）开篇便是无情地发问：“是什么样的丧钟，为惨死的人响起？”贯穿全诗的是他对个体悲剧的关怀，对为这些集体送死的个体的关怀。在他最著名的诗篇《为国捐躯》（*Dulce Et Decorum Est*）中，他先从广阔视角描写一队士兵“深深弯腰，像背着麻袋的老叫花子；膝盖内弯，像老太婆一样咳嗽，我们在泥泞之中诅咒”，然后个性化特写了毒气战中一名没有防毒面具的士兵的死亡。

但是有些人还在喊叫，跌跌撞撞，
像是在火焰或是石灰之中苦苦挣扎……
暗淡微光透过雾蒙蒙的镜片和浓厚的绿光，
似在绿色的深海之下，我看见他在溺亡。
在我的所有的梦中，我无助地眼睁睁地看着，
他扑向我，奄奄一息，溺亡。

欧文就此告诉他的读者：“如果你能看到我所看到的，听到我所听到的，你不会太多地想到战争的伟大光荣。”通过他的作品，无名战士因而被个性化，他的死亡也就成了个人活生生的痛苦。

叶芝在《1916年复活节》一诗中也做了相似的事，该诗的结尾列举了那些在复活节起义[1]中丧生的人。

我将之写入诗中。
麦克多纳和麦克布莱德，

[1] the Easter uprising，是爱尔兰在1916年复活节周期间发生的一场暴动。——译者注

康诺利和皮尔斯。
现在和将来，
无论何处，但有青青绿色，
都已经改变，已经彻底改变：
一种可怕的美由此诞生。

单单列举死者的姓名便提醒着我们逝去的是生命，而不仅仅是尸体的数目。而文学坚持要我们加入那些生命，加入那些声音。我们想要弄明白，《亨利五世》里的那个男孩叫什么名字？

叶芝发现了美，即使是可怕的美。以色列诗人耶胡达·阿米亥（Yehuda Amichai）在这些个体生命的死亡中却只发现了绝望。

这枚炸弹的直径为 30 厘米，
有效杀伤范围约 7 米，
死者 4 人，伤者 11。
在他们周围，在一个更大的圆圈内，
由痛苦和时间构成的圆圈，散落着两家医院和一座墓地。
而这个年轻女人埋葬在她故乡的城市。
在 100 多公里之外，
将这个圆圈扩大了许多，
越过大海，在某个国家的遥远海岸，
一个孤独的男人哀悼着她的死亡，
他把整个世界都放进了圆圈。

我甚至都未曾提起孤儿们的哀哭，
哭声抵达上帝的宝座，
然后超越宝座，组成一个没有尽头、没有上帝的圆圈。

正如欧文的《为国捐躯》聚焦于一次毒气战中逐渐细节化的场景，由此要求读者考虑这对他或她意味着什么，阿米亥也坚持要读者考虑，当我们开始了解炸弹影响力的同心圆时，小小的一枚炸弹意味着什么？这枚炸弹可能只杀死了 4 个人，但它的影响却“抵达上帝的宝座，然后超越宝座”。

研究战争的宏观数据有其价值。我们需要知道花了多大的成本，有多少士兵伤亡，有多少平民被杀害。但是，我们还需要记住，不管宏观数据能告诉我们多少信息，却不会告诉我们所有的事。看看艾米 · 洛威尔（Amy Lowell）所指的“称之为战争的模式”如何掩盖构成这种模式的细节，这种模式让我们忘记了组成这些细节的个体生命。

许多作家都谈到了作为一名战时作家，当人们想要新闻而不是艺术时，所产生的那种无力感。巴勃罗 · 聂鲁达（Pablo Neruda）苦涩地解释到他在战争期间为什么很少写作，或难有佳作，这是他著名的解释：

你们会问：为什么在我的诗里
不再与我们谈起梦，谈起树叶
谈起我国土上的巨大火山？

你们来看看吧，
鲜血满街流；
你们来看看吧，
满街都是血！

他暗示，在战争期间，除了“来看看满街鲜血”，没别的好说，如果除此之外别无他言，诗歌还有什么用呢？

但是奥登（Auden）提醒我们，作家的声音能够，而且必须将满街的鲜血个性化，使之产生意义。这不仅仅是鲜血，这是某人的鲜血。个人的声音必须用来捍卫个人的价值，反对“折叠的战争谎言”（the folded lies of war）。

我所拥有的只是一个声音
打开折叠的谎言，
打开那感性的普通人
大脑中浪漫的谎言
打开那些拥有摩天高楼的
权贵们的谎言：
没有国家这种东西
也没有人孤独地生存；
无论平民或者警察
饥饿不允许我们选择；
我们必须相爱或者死亡。

The War Prayer

战争祈祷

马克·吐温

塞姆·朗赫恩·克列门斯（Samuel Langhorne Clemens），其笔名马克·吐温更广为人知，是美国历史上最伟大的作家之一。他的作品包括《汤姆·索亚历险记》（*The Adventures of Tom Sawyer*）和《哈克贝利·费恩历险记》（*Adventures of Huckleberry Finn*.）

这是十分令人兴奋激动的时刻。国家武装起来，战争在进行，每个人的胸膛都燃烧着爱国的圣火。鼓声在敲击，乐队在演奏，玩具手枪砰砰响，成捆的烟火噼里啪啦。在每个人手中，在延绵不绝融入远方的无数屋顶上、阳台上，一大片旗帜在飘扬，在阳光下闪烁光芒。白天，年轻的志愿兵从大道上行军经过，他们身着新制服，快乐而健康。当他们经过时，骄傲的父母、姐妹与爱人为他们欢呼，声音因欢乐而哽咽。夜晚，人头攒动的聚会中，民众聆听着爱国者的演讲，为之鼓掌。演讲触动了他们内心最深处的情感，短暂的间歇中掌声雷鸣，人们的脸颊上热泪滚滚。牧师在教堂布道，呼吁大家为国家献身，为国旗献身，并祈求战争之神赐福于我们的正义行动，热情洋溢的雄辩口才感动了每个人。

这的确是欢乐高尚的时刻，但有几个冲动的人贸然反对战争，并对正当性提出质疑，他们立即遭到了严厉愤怒的警告——让他们为了人身安全，赶紧离开，不得再有这种冒犯之举。

周日的上午来临，这是军队开拔前的一天，教堂里全是人。志愿兵在这里，年轻的面庞因战争的梦想而点亮：他们憧憬着战士们顽强拼博，激烈抗战——在硝烟袅袅、刀光剑影的战场上所向披靡，攻无不克，战无不胜！

然后，晒成古铜色的英雄们在战后返回家园，他们受到欢迎与崇拜，完全沉浸在光荣的金色海洋中！亲人们坐在志愿兵身旁，洋溢着骄傲与快乐，那些没有儿子或兄弟前往光荣战场的邻居与朋友对此嫉妒不已。在那里，人们为国旗赢得胜利，即使是失败也是以最高贵的方式牺牲。礼拜继续进行，人们朗读着一篇《旧约》中的战争篇章。第一段祷词念毕，管风琴的声音在教堂里回荡，人们纷纷起立，神采飞扬，心潮澎湃，排山倒海的祷词倾泻而出：

令人敬畏的上帝！至高无上的执法者！吹响你的号角，磨亮你的刀剑！

接下来是长篇布道。没有谁的记忆中曾经听过这样热情的祷词，这样动人的美妙语言："我们无上宽容仁慈的天父会照顾我们高贵的年轻战士，并在其爱国行动中帮助、安慰、鼓励、赐福于他们，在战斗与危险的时候保护他们。天父啊！请用您有力的手扶持他们，让他们强大自信，让他们能在血腥的攻击中所向无敌。

请帮助他们击垮敌人，请将不朽的荣誉与光荣永远地赐予他们。”

一位陌生老者走进来，缓慢无声地走在主通道上，眼睛凝视着讲道者。他修长的身躯套着一件抵达脚背的长袍，光着头，没戴帽子。他的白发如瀑布散垂于肩，他布满皱纹的脸庞呈现出不自然的苍白，犹如鬼魂一般的苍白。所有人的视线都紧随着他，充满疑虑，他只是无声行进，不曾停歇。他拾级而上，到牧师身边站立等候。牧师闭着眼继续着他动人的祈祷，未曾察觉到他的出现。最后，牧师慷慨激昂地念诵道：“请祝福我们的军队，赐予我们胜利！”

陌生人碰了碰牧师的臂膀，示意他站到一旁，吃惊的牧师照做了。陌生人站在了他的位置上，他目光庄严，带着神秘之光俯视茫然的听众，过了一阵子，他以深沉的声音说道：“我来自主的宝座，带着全能上帝的旨意！”这些话让屋内的人震惊，陌生人却视若无睹。“他已听到他的仆人，即你们牧者的祈祷。如果我作为他的信使，将其中含义，其完整的含义，向你们说明之后，你们还如此热烈期盼的话，他将会允诺你们所求。因为，就如人类的许多祈祷一样，除非他能停下来思考，否则他便意识不到他所要求的要远多于所表达的。”

“上帝和你们的仆人已念完了他的祷词。他是否曾停下来思考？这是单独的一个祷告吗？不，这是两个，一个已宣之于口，另一个却没有。两个祷告已传入上帝之耳。上帝听取所有祷告，说出口的与未说出口的。你们要仔细考虑这一点，并铭记在心。如果想为自己求福，那得当心！以免同时在无意中为邻居招来灾祸。若你祈求降雨，以浇灌急需灌溉的庄稼，但这也可能为一些邻居的庄稼求来灾难，这些庄稼不需要雨水，由此会产生损害。”

“你们已听到你们的仆人的祈祷，听到了说出口的部分。我受上帝委托，将未说出来的部分明示——这部分是牧师，也是你们内心热烈地默然祈求的部分。你们是对之无知且不曾深思熟虑吗？上帝但愿是这样！你们能听见这样的话：“主啊！我们的上帝，请赐予我们胜利！”这就足够了。所有已说出口的祷告都可浓缩在这些意味深长的字句中，无须修饰。但是当你们祈求胜利时，你们也在祈求虽未明示却与胜利相伴而来的许多后果——这些后果必然随之而来，无可避免。未说出口的祷词也同样为上帝查之，他命令我明示。听着！

主啊！我们的天父，这些年轻的爱国者，我们心中的偶像，正前往战场，望您亲近他们！我们的精神和他们在一起，离开甜蜜宁静的心爱家庭，前去消灭敌人。主啊！我们的上帝，请帮助我们，用炮弹将对方士兵撕成血淋淋的碎片；请帮助我们，用他们爱国者的苍白尸骸将其美好的原野覆盖；请帮助我们，让他们痛得打滚的伤者发出的尖叫盖过我们枪炮的轰鸣；请帮助我们，用烈焰的飓风席卷他们简陋的家园；请帮助我们，以无助的忧伤折磨无辜寡妇的心灵；请帮助我们，让她们带着孩子们无家可归，无依无靠地在荒芜田园的废墟中流浪，让她们饥寒交迫，被夏季的烈日和冬季的寒风戏弄，心碎神伤，痛苦憔悴，向上帝祈求坟墓为庇护之所而不可得。

上帝！因为我们敬重您，所以您得毁灭他们的希望，抹去他们的生命，延长他们的痛苦行程，让他们步履沉重，让他们的泪水洒满道路，让他们受伤的双足染红白雪！

我们有此要求，我们怀着爱心请求上帝。上帝是爱的源泉，是所有身陷痛苦、以谦卑忏悔之心寻求他帮助的人的永远可靠的避难所与朋友。阿门。

“你们已做出了这样的祈祷，而如果你们仍然盼望如此，说出来！至高上帝的使者在此等候！”

事后，人们认为这个人是个疯子，因为他说的话毫无意义。

Dulce et Decorum Est

为国捐躯

威尔弗雷德·欧文

威尔弗雷德·欧文（Wilfred Owen）是英国的诗人和士兵。他在 1918 年 11 月 4 日的一次军事行动中阵亡，此时距签订结束第一次世界大战的停战协议仅有一周。

深深弯腰，像背着麻袋的老叫花子，
膝盖内弯，像老太婆一样咳嗽，我们在泥泞之中诅咒，
直到那照明弹冲天而起，萦绕不散，我们转过背去
开始朝着我方远处的休整兵营跋涉。
人们浑浑噩噩地行进。许多人丢了靴子
却仍步履蹒跚，流着血行进。都瘸了，都瞎了；
累得神志不清；聋得甚至听不见弹片飞鸣，
刚刚走过，身后就落下了沉重的五九炮弹。
毒气！毒气！快跑啊，伙计们！——一阵疯狂的折腾，
勉强来得及将粗劣的面具带上；
但是有些人还在喊叫，跌跌撞撞，
像是在火焰或是石灰之中苦苦挣扎……
黯淡微光透过雾蒙蒙的镜片和浓厚的绿光，

似在绿色的深海之下，我看见他在溺亡。
在我所有的梦中，我无助地眼睁睁地看着，
他扑向我，奄奄一息，溺亡。
假如是在窒息的梦境里，你也会随之而去。

我们将他装进后车厢中，
看见他苍白的眼睛扭曲着凝固在脸上，
他那绞死般的面容，如魔鬼的罪恶之病；
假使你能听见，伴着每一次的颠簸，听见鲜血
从肺泡破碎的肺叶发出汩汩的声音，
如癌症般可怖，如肮脏的反刍物般苦涩，
好端端的舌头上长了不治之疮，
我的朋友，你就不会如此热情
向不顾一切追逐光荣的孩子们传扬
那古老的谎言：为国捐躯，
美好而高尚。

Parable of the Old Man and the Young

老人和青年的寓言

威尔弗雷德·欧文

威尔弗雷德·欧文是英国的诗人和士兵。他在 1918 年 11 月 4 日的一次军事行动中阵亡，此时距签订结束一次世界大战的停战协议仅有一周。

于是亚伯拉罕起身，劈柴，出门，
随身带着火种，还有一把小刀。
当他和以撒在一起，
他的长子说道，父亲，
我看见你准备了火种和刀子，
但献祭的羔羊在哪里？
于是亚伯拉罕用皮条捆绑了这个孩子，
筑起祭坛，挖出壕沟，
手持利刃要杀死他的儿子。
此时，一位天使从天堂呼唤，
说道，你不要碰这个孩子，
不要对他做任何事。
看，有一只公羊，羊角被灌木卡住了；

用这骄傲的公羊代替他。

但是老人不愿意听从，
而是杀死了自己的儿子，
以及欧洲一半的后代，就这么一个接着一个。

后记：和平从你开始

Peace Begins with You

作为本书的读者，为了让这个世界更加和平你能做些什么？你如何才能有所作为？你能采取什么步骤？有些什么资源能提供给你？凯西·雷森维特兹是《青年之声》（*Young Voices*）的编辑。她关于政治与文化的作品见于《福布斯》（*Forbes*）、《芝加哥论坛报》（*Chicago Tribune*）、《理性》（*Reason*）、VICE Motherboard 频道和《华盛顿观察家报》（*Washington Examiner*）。

任重道远的和平

战争包围着我们，但隐藏着它自身。而在同一时间，战争有的开始，有的结束，我们现在依然生活在冲突不止的状态下。因为不断有战争发动，不仅仅是对外国的战争，也有对抽象的东西诸如“毒品”和“恐怖行为”的战争。这样的战争，不可能知道究竟是否能取胜。恐怖行为是一种战术，而毒品是商品，它们不可能像传统的敌人那样被打败。因此，针对它们的战争将是永久的战争。

战争毁灭生命，更破坏法治和公民自由，而正是这些让公民社会得以存在。秘密无人机计划用来处决指定目标，而不经过任何形式的审判。启动大规模的监视程序作为对真实的或想象中的敌人作战的必要手段而被合法化。将军队部署到失败国家，常常只会在当地产生更多的动荡局势。用武力来破坏政治制度会制造混乱，从而将武装干涉和吞并正当化。地方的“治安官员”越来越多地转化为军事攻击单位，这些单位日益将当地居民视为战场上的敌人。

除了上面这些暴力的例子外，还有对伊拉克和阿富汗的入侵，对车臣、格鲁吉亚和克里米亚的入侵，还有在利比亚和叙利亚、索马里和达尔富尔的武装冲突，以及在许多其他国家的冲突。人们意识到，数千年来，难有和平。我们成长于深陷战火的世界，不管这些战争是否有经过宣战，不官它是单边或是多边的战争。我们如何还有可能主张那陌生的理想——和平？

然而，多个世纪以来的普遍趋势是远离战争。日常生活中，更多的人过得比前辈人平和。全球性的商务和交流作为和平的手段，产生了最具有全球意识的一代人——真正的世界公民。

大多数地方的大多数人因暴力致死的死亡率都已下降，但对许多国家的公民而言，与有组织的暴力斗争也几乎变成了永久性的斗争。这种永恒战争的受害者时常隐藏在公众视线之外：他们是在无人机攻击中丧命的无辜旁观者，与禁令（毒品战争）和非法黑市相伴的黑帮暴力与警察暴力的受害者，死于直接的军事冲突中的战斗人员和非战斗人员，而大多数人最难发现的受害者则是自由、有限政府和法治。

那么，我们这一代人能为保护和平做些什么？我们需要以下三个步骤：学习、扩大、组织。

学习

那些叫嚣战争的人指望群众闭目塞听、自以为是、盲目轻信。经济学的谬论（比如战争“刺激经济”的诡计）如果与信息误导、彻底欺骗和对虚假爱国主义的呼吁（这种爱国主义会将胆敢质疑的人妖魔化）结合在一起，就能令人们争先恐后地加入战争，或诱骗他们满足于战争发动者的所作所为。发动者们仅仅宣扬（战争的）动机，并以此代替对使用武力之可能后果的理性解释，战争会有不可预料后果和额外风险，却被他们不假思索地弃之一旁。掌握信息、理解激励与风险，并能对其进行权衡，能挖掘事实、怀疑政客们的动机并愿意质疑他们，这些对维持和平都很重要。这本书是一个良好的开端，但对于愿意为和平努力的人而言，还有更多的工作要做。

我们必须教育自己懂得外交，并学习军事干预的历史，尤其是能从受害者的角度理解的历史。战争是一个严肃的问题，要求我们关注事实，关注意料之外后果的可能性，关注全部的代价，关注其对“生命、自由和对幸福的追求”所可能产生的影响。

读完本书的各篇文章之后，一个很好的开端是继续本文之后的“进一步阅读的建议”中推荐的书目。关于“政策导向”更为详尽的信息和分析，加图研究所网站提供了很好的资源：www.cato.org/foreign-policy-national-security。在那些开放互联网访问的国家，搜索引擎也是无价的信息资源（对这些信息源当然也要持适当的怀疑主义）。

扩大

有时，促使人们为和平发声的原因是他们先听到了别人的声音。你可以来做这第一人。当你听到有人支持暴力，你可以阐明自己支持和平和自愿主义。这可能是个人之间的谈话（在此最好是做出理性分析而不是表达愤怒，帮助你身边的人思考那些口号，并理解暴力所导致的恐怖、浪费和痛苦）；也可能是在脸书或其他的社交媒体上，在公共会议上；也可能是通过写给编辑的信、打电台的热线电话；也或者是在辩论中表达观点，在你们学生主办的报纸上发表文章，等等。你通常都会发现你不是一个人，你的声音会经由他人的声音而放大，如果你不说话，这些人就会一直保持沉默。

伟大的和平倡导者巴斯夏的关键洞见就是，政策不仅有“看得见”的影响，而且有“看不见”的影响。如果政客们下令做某事，哪些事情就不会发生？如果为战争制造吉普车和坦克，那就意味着没有小汽车和拖拉机。军工行业创造了工作机会，就意味着在和平企业中的工作岗位被摧毁了。每种选择都有成本，有些东西会被放弃，有些事不会发生，有些事情看不见。战争也不例外。战争也是一种选择，而所有的选择都带来了成本。帮助人们意识到这些成本，看见那“看不见的”，这是帮助他们减少愚蠢而鲁莽地奔向战争的一大步。

如果你生活的国家中的政府至少能做出某种程度的回应，你可以向当选的民意代表表达你的观点。每一次清楚地阐述了个人意见的通信都会告诉政客，还有更多的人持同样的看法。通常，他们对这类通信的关注，会远超大多数人的想象（愤怒的谴责则通常会被忽略）。

如果你看到网上有文章或研究为支持和平做出了很好的论证，你应该通过推特、脸书、博客或其他的媒体进行分享。如果他人对此发表了评论，你应该理性地回应，努力促使他们在理智上和情感上都支持和平。在每一次互动中，最好令人信服，而不是谴责。关键是不要发泄我们的愤怒，而是要说服别人加入我们，一起走向通往和平之路。

总之，你可以分享你对和平与爱的热爱（其实，本书你可以多买几本，与你的家人、朋友和同学分享——甚至，如果你胆子大点，也可以与你的教授们分享）。

组织

如果你在上大学，找到一家“自由学生联盟”（Students For Liberty）的分会，并积极行动起来。这很容易而且很有意义，你会遇到和你一样致力于和平与爱的朋友。你可以在 studentsforliberty.org 网站上了解如何加入分会或创建一个分会。或搜索阿特拉斯全球网络目录（http://AtlasNetwork.org/），找到致力于创造和平社会的改革的组织。

因此，为自由而组织起来。别人在做，你也行。以下仅是最近的一些例子，从美国（我生活的地方）和其他地方选取的例子。

2012 年 10 月，密歇根州立大学的自由主义者创建了一个公民自由墓地。他们竖起了假墓碑，每一座假墓碑代表一种自由（“隐私”“言论自由”“人身保护令”“宗教自由”），这些自由已经衰落，或可能已经成为战争的牺牲品。他们将墓碑放在主校区的路口，以确保引起人们关注。他们在那里发放教育材料，并招募新成员。

2012 年 3 月，滑岩大学的“自由美国青年”（Young Americans for Liberty）举办了“十年战争”的校园活动，帮助学生们了解美国在伊拉克和阿富汗战争中的死亡人数。他们用方块填充美国国旗，每个方块代表在过去 10 年的战争中死亡的两名美国人。在这些国旗之中，他们建造了一座“自由言论墙”，让学生们分享关于战争的思考。一周的时间内，成千上万的学生从这个展览中走过。在这一活动中，这个小组与同学们谈论战争的影响，并通过展台分发关于自由的文学作品。

2013 年 4 月，佛罗里达大学的“学院自由主义者”（College Libertarians）组织了“反无人机行动周”。这次活动将持各种不同政见的团队聚集在一起，抗议政府使用无人机，同时抗议佛罗里达大学促进无人机的使用军事化的决议。他们也创建了一面自由言论墙，墙上画了一架配备了导弹的无人机。他们在校园内流量大的地方设置了“关注战区无人机”的展台，让学生们能看到无人机的部署方位。

2014年3月，参加“欧洲自由学生联盟”（European Students For Liberty）会议的学生们前往俄罗斯大使馆，抗议克里姆林宫入侵乌克兰，吞并克里米亚。队伍中包括来自俄罗斯和乌克兰的学生，他们团结在一起，反对一国对另一国的武装入侵。

言论受到更加彻底地控制或压制的国家里，这样的工作可能更难开展，但是支持和平的学生们仍然努力让世人听到他们的声音。在俄罗斯，“自由学生联盟”的活动者们在莫斯科、圣彼得堡和其他城市游行，抗议对乌克兰的军事干预（并因他们的勇敢而被逮捕）。在印度和巴基斯坦，“自由学生联盟”组织力促自由贸易，以和平和友谊来代替两国之间的战争、小规模冲突和敌意（这些已成了两国历史的一大特点）。“自由学生联盟”在非洲的成员致力于在一些遭受暴力冲突的国家推动国内和平。在拉丁美洲，委内瑞拉、危地马拉、萨尔多瓦和其他地方，“自由学生联盟”的活动者们也同样在为和平而奋斗。

实际上，你——本文的读者——能够有所作为。你可以和其他人一起，积极促进和平。如果没有现成的组织或运动可以加入，你可以作为发起人。每个团队，每场运动，都是由某一个人开始的。你可以成为这个人。

改变现状：选择和平

你已经通过阅读本书受到了教育。当然，你还可以学到更多，但是你已经朝着和平迈出了一大步。你受过良好训练，可以为和平发声。让人们听到你的声音，你会发现你不是一个人，别人会加入你，扩大和平的讯息。和其他人一道组织起来，展现你对和平的支持。而当有一天你白发苍苍时，你能够说：“我曾为和平贡献了自己的力量。”

凯西·雷森维特兹（Cathy Reisenwitz）

译后记：和平岂止是情怀

Trans lator’s Introduction: Is Peace More than Sentiment

人类无疑是这个星球上最复杂的动物，复杂的主要含义就是有许多矛盾之处。比如，科学家们研究认为，人类是最暴力同时又最宽容的动物。人类的世界大战可以席卷全球，导致亿万人丧生，但人类又可以如罐头里的沙丁鱼一般挤在公交车、地铁里而相安无事。

人类对待战争的态度亦是如此矛盾，既有“男儿何不带吴钩，收取关山五十州”的慷慨激昂，亦有“凭君莫话封侯事，一将功成万骨枯”的悲天悯人。战争，还是和平？这看起来像是哈姆雷特式的天问，在人类历史上始终处于核心地位。加图研究所高级研究员汤姆·戈·帕尔默主编的这本文集《和平与爱》，试图从科学与哲学的角度来回答这个问题，而不仅仅是诉诸情怀。

哈佛大学的心理学教授史蒂芬·平克的《人性中的善良天使》(*The Better Angels of Our Nature: A History of Violence and Humanity*）一书风靡全球，但早在这本书的中译本问世之前，我在翻译本书时，就被平克的一篇短文“战争的衰落与人性的概念”而惊艳到了。

可能很难相信，但战争的发生率正在降低。根深蒂固的观念认为，人类具有先天性的暴力倾向，因此所谓战争趋于减少只是人为的结果或侥幸的赌运。但自称是霍布斯主义者的平克却认为，人性不能简化为某种单一的性质，人性，并非是本恶或本善的截然对立。

大脑是令人难以置信的复杂器官，有许多可在解剖学上和化学上区分的回路。大多数心理学家认为，人性不是单一之物，而包括多元的智能、模块、官能、器官、驱动力，或其他的子系统。其中一些子系统驱使我们使用暴力，但别的子系统又抑制我们的暴力倾向。尤其重要的是，导致暴力的动机，未必是固定的，自我调节的，而很可能因地因时而变，这就给改变提供了可能。

平克尤其重视思想的作用：

其中一种抑制暴力的机制是能够产生无穷无尽的思想的开放式组合系统。而在这些思想之中，存在减少战争可能性的制度。

到底什么样的思想抑制暴力，什么样的思想激发暴力？本书的编辑，同时也是主要作者的帕尔默以一篇雄文《和平的哲学或冲突的哲学》深入分析了这个问题。

和平的哲学认为和平且自愿的合作既是理想，也具有现实可能性。而其他的种种意识形态，“却假定人的生命不可避免充满了纷争、冲突、斗争与战争，阶级之间、种族之间、文明之间、民族之间、利益之间或宗教之间的纷争、冲突、斗争与战争。”

也就是说，战争和冲突在很大程度上是意识形态和哲学观的自我实现。比如，法国保守主义作家约瑟夫·德·迈斯特（Joseph de Maistre）就曾兴奋地宣称：“战争是人类的固有状态，也就是说，人类的鲜血必须持续不断地在地球上的某处流淌。”

这听上去让人毛骨悚然，但也是好事，因为战争既然是源于思想，那它就并非不可避免。战争与和平就只是选择问题。让和平更具有现实优势的最伟大制度首推商业。埃曼努埃尔·马丁详细介绍了供给侧理论鼻祖、法国经济学家萨伊的和平经济学：“和平的经济学：为什么邻居比你富是件大好事？”认为一国能从战争中获得好处是种幻想，因为战争是负和博弈，“一国的战争成本高于战争中的实际支出；其成本还包括了所有那些若非爆发战争，原本能得到的东西。”而真正的繁荣发达的方式，既能让自己得益，也能让他人得益，这就是双赢的自由贸易。自由贸易是和平的经济学基础。萨伊提出了“供给创造需求”的理论，贸易伙伴之间的财富增长会呈现“滚雪球效应”，也就是说，财富创造是内生的机制，而非靠从外部掠夺而来。

除此之外，这本薄薄的文集中还收录了多篇简短却不简单的文章，比如“慎对战争的美国启蒙运动”“战争的艺术”等等。

关于战争，还有什么不曾谈到的么？在谷歌搜索引擎中搜索关键词“war”，0.54 秒后会得到大约 1 780 000 000 条结果，这只是英文网页的搜索结果。在这些结果之外，还能增加些什么内容？是的，可以加上某些非常重要的东西——更多的理性。

如果你希望更加理性地看待战争与和平，本书将是你不会后悔的选择。

延伸阅读

Suggestions for Further Reading

在人类历史上，战争扮演过如此核心的角色，因此这一主题的文献浩如烟海，庆祝战争、描绘战争，谴责战争。本书的脚注为更多的阅读和研究提供了指导。这只有几种尤为重要的篇目，是从赞赏自由、自愿合作行为和共同繁荣之人的角度，而不是从屈从、命令和美化暴力之人的角度，来看待战争与和平的问题。

1.《法律、国家及其他政治著作，1843—1850》（*The Law, The State, and Other Political Writings*, 1843—1850）

作者：弗雷德里克·巴斯夏（Frédéric Bastiat）(Indianapolis: Liberty Fund, 2012)

该书收录了19世纪最伟大的经济学作者之一巴斯夏的作品，这些强有力的作品论述了战争、掠夺和国家主义的性质。巴斯夏阐释了为何政府会变成掠夺型和破坏型的政府，而不是保护型的政府［巴斯夏其他的著作，包括自由基金系列（Liberty Fund series）的其他著作，同样值得一读]。

2.**《自由主义读本》**（*The Libertarian Reader: Classic and Contemporary Writings from Lao Tzu to Milton Friedman*）

作者：大卫·鲍兹（David Boaz）（New York: Free Press, 1997）

该书不仅提供了从古到今自由主义思想的概念，而且其中专门安排了一个部分“和平和国际和谐”，收入了论述和平的经典文章。

3.**《大萧条、战争和冷战：政治经济学研究》**（*Depression, War, and Cold War: Studies in Political Economy*）

作者：罗伯特·希格斯（Robert Higgs）（Oxford: Oxford University Press, 2006）

该书以翔实的论据为基础，全面彻底地揭露了第二次世界大战“让经济走出萧条”的神话，并仔细地研究了战争的政治经济影响和军火商在政策形成中的角色，以及其他主题。

4.**《论战争和道德》**（*On War and Morality*）

作者：罗伯特·霍尔姆斯（Robert Holmes）（Princeton; Princeton University Press, 1989），

该书就战争所涉的道德问题提出了有益的审视，并质疑我们是否想清楚了发动战争的所有后果。

5.《反恐、安全与货币：平衡风险、利益与国土安全的费用》（*Terror, Security, and Money: Balancing the Risks, Benefits, and Costs of Homeland Security*）

作者：约翰·穆勒（John Mueller），马克·斯图尔特（Mark G. Stewart）（Oxford: Oxford University Press, 2011）

该书从一种不同（也是更为理性）的思路来考虑风险与反应，对成本-收益分析和理性的风险管理是尤为有用的指导。

6.《暴力的历史》（*A History of Force: Exploring the worldwide movement against habits of coercion, bloodshed, and mayhem*）

作者：詹姆斯·佩恩（James L. Payne）（Sandpoint, Idaho: Lytton Publishing Co., 2004）

该书最早提出，在历史进程中，合作和市民社会已逐渐取代了暴力和暴行。

7.《人性中的善良天使》（*The Better Angels of Our Nature: A History of Violence and Humanity*）

作者：史蒂文·平克（Steven Pinker）（London: Penguin Books, 2011）

该书提供了“长久和平”的数据和分析，并比较了关于暴力衰落的可能解释。平克将暴力的统计数据、社会历史、政治理论与心理学相结合，形成了一部重要的学术杰作。

8.《西班牙对美国的征服》（*The Conquest of the United States by Spain*）

作者：威廉·格雷厄姆·萨姆纳（William Graham Sumner）（Indianapolis: Liberty Fund, 2013）

该书对共和国与帝国的比较十分经典。